PAROLES D'AMMA

Autres ouvrages traduits en français :

- *Amma* (biographie de Mâtâ Amritânandamayî), La Réunion, 1989. 2ème édition, Vallikkavu, Kérala, Inde, 1992.
- *Les chants de la Mère*, La Réunion, 1989. 2ème édition, Vallikkavu, Kérala, Inde, 1992.
- *Éveillez-vous, mes enfants* (tome 1), La Réunion, 1991.
- *Éveillez-vous, mes enfants* (tome 2), La Réunion, à paraître en hiver 1992.

(Ouvrages disponibles dans les Centres d'Amma, cf. p. 6)

Adresse en Inde :
Mata Amritanandamayi Mission
Vallikkavu, Kuzhithura P.O.
Quilon District, Kérala 690 542

Éditions A.L.T.E.S.S.

A : Art
L : Littératures
T : Traditions
E : Éducation
S : Sciences
S : Spiritualité

Fondée au printemps 1990, la Société d'Édition A.L.T.E.S.S. a été créée dans le but de contribuer à l'éveil et à l'épanouissement du plein potentiel humain.

Éditions A.L.T.E.S.S. 7 rue Chaudron 75010 Paris (France)
Tél. (16.1.) 64.40.35.89 - Fax (1) 64.40.27.57

PAROLES D'AMMA

Enseignements spirituels
de Mata Amritanandamayi

A. L. T. E. S. S.
Paris

Centres francophones d'Amma :

Parmi les disciples formés par Amma, un Réunionnais et un Français (de métropole) ont été envoyés pour la représenter dans leur pays d'origine, et continuer leur cheminement à Son service. L'un et l'autre ont créé un centre, béni par Amma. Chacun de ces centres est Sa maison spirituelle, ainsi que celle de Ses dévots.

Pour plus ample information, contacter :

• en Europe :

Maison Amrita
BP 88
F-68160 Sainte Marie aux Mines
Tél. 89.58.59.56
Fax 89.58.61.00

• à La Réunion :

Amritananda Mayi Mata Ashram
Camp du Gol
97450 St Louis
Tél. 262.26.74.97
Fax 262.41.40.67

Aperçu de la vie d'Amma

"Dès ma naissance, le Saint Nom de Dieu a exercé sur moi une intense attirance. Sans jamais me lasser, à chaque respiration, je répétais le nom de Dieu. Le résultat fut qu'un flot constant de pensées divines s'écoulait en mon esprit, quel que soit l'endroit où je me trouvais et la tâche que j'étais en train d'accomplir."

Née le 27 septembre 1953 dans une humble famille, en un village reculé du sud-ouest de l'Inde, Soudhamani (ce nom, donné par ses parents, signifie 'pur joyau'), manifesta dès sa naissance tous les signes du Divin. Venue au monde avec un teint inhabituel bleu sombre (celui de Krishna), les médecins interdirent à ses parents de la laver pendant plusieurs mois, dans l'espoir de pouvoir ainsi la guérir de cette mystérieuse "maladie". Soudhamani avait à peine six mois lorsqu'elle se mit à parler le malayalam (sa langue maternelle) et à faire ses premiers pas sans avoir jamais marché à quatre pattes auparavant.

Vers l'âge de cinq ans, elle se mit à composer de nombreux chants en l'honneur de Shri Krishna, empreints d'amour Divin et d'un désir aussi ardent que poignant pour son Bien-Aimé. Ses versets, quoique maladroits dans leur innocente simplicité, n'étaient toutefois pas dénués de profondeur mystique et philosophique. Sa voix de toute beauté ainsi que ses chants lui valurent de commencer à devenir célèbre dans le village. Elle dut quitter l'école au cours de sa neuvième année car sa mère, tombée malade, ne pouvait plus assumer les travaux domestiques. Levée avant l'aube, et travaillant jusqu'à onze heures du soir, elle faisait la cuisine pour toute la famille, s'occupait des dix vaches, lavait tout le linge, entretenait la maison et la cour, etc... Malgré ses longues journées de travail, elle passait le peu de temps qui lui restait à chanter et prier le Seigneur Krishna de tout son cœur.

Peu après, elle se mit à avoir de nombreuses visions divines, et l'année de ses dix-sept ans, cet état s'approfondit pour se transformer en union permanente avec le Divin. Elle ne voyait plus le monde que comme la manifestation de l'Unique qui imprègne tout. La simple mention du Nom de Dieu suffisait à la plonger dans un état de profonde absorption en Lui.

À cette époque, un ardent désir de réaliser la Mère Divine s'empara d'elle. Pour parvenir à cette vision, elle s'imposa de rigoureuses austérités, délaissant abri et nourriture. La Mère Divine apparut enfin à ses yeux, sous la forme d'une gerbe de lumière éclatante qui illumina de la splendeur de Dieu le visage de Soudhamani. La jeune fille ne ressentit plus alors aucun désir de se mêler au reste de l'humanité ; elle passait le plus clair de son temps dans la solitude, jouissant de la béatitude de sa réalisation.

Un jour pourtant, elle entendit une voix intérieure lui dire : “Tu n'es pas seulement née pour jouir de la félicité et de la paix dans la solitude, mais aussi pour apporter réconfort et consolation à l'humanité souffrante. Utilise tes dons divins pour soulager autrui. Tu feras ainsi un acte d'adoration authentique vis-à-vis de Moi qui demeure dans le cœur de chaque être, et qui suis leur propre Essence."

Depuis ce jour, Soudhamani, que l'on appelle tendrement Amma – ou Ammatchi – (qui signifie "Mère"), se consacre au bien-être de l'humanité. Elle écoute patiemment tous les problèmes de ceux qui viennent à elle – religieux ou laïcs –, les réconforte comme seule une mère peut le faire, et va parfois jusqu'à les guérir miraculeusement.

"Toutes sortes de gens viennent me voir, certains avec dévotion, d'autres en vue de trouver une solution à leurs problèmes quotidiens, pour soulager leurs maux, demander une guérison, etc... Je n'en écarte aucun. Comment pourrais-je rejeter un seul d'entre eux ? Sont-ils différents de moi ? Ne sommes-nous pas tous les perles d'un unique collier, reliées par le même fil de la Vie ? Chacun me voit selon son propre niveau de conscience. À mes yeux, tous sont semblables, ceux qui m'aiment comme ceux qui me haïssent".

INTRODUCTION

L'essence même de l'Inde réside dans sa culture de la réalisation du Soi, dans l'élévation de la conscience humaine ordinaire jusqu'aux sommets de la suprême Conscience divine. Alors même que l'Asie se tourne vers l'Occident pour tout ce qui concerne confort matériel et plaisirs, l'Occident quant à lui, désabusé par la grandeur vaine du matérialisme, est à la recherche d'une voie et d'un secours dans les philosophies éternelles de l'Orient. Depuis les temps antiques jusqu'à nos jours, des Âmes Réalisées se sont incarnées en Inde en une lignée ininterrompue, dans le dessein de conduire les chercheurs de Vérité vers leur but.

Comme l'Occident éprouve une telle soif de direction spirituelle, il n'est nullement surprenant qu'il soit devenu la proie d'un certain nombre d'individus narcissiques intéressés qui se présentent comme des maîtres illuminés. L'Ouest a beaucoup souffert de cette imposture et en est venu à concevoir une sorte de paranoïa 'anti-gourou'. Néanmoins, il ne faudrait pas, à cause d'une poignée de charlatans, ne plus croire en l'existence de maîtres authentiques. Malgré quelques impairs médicaux, cessons-nous pour autant de rechercher le médecin qualifié qui parviendra à nous guérir de nos maladies ?

"Pourquoi aurait-on besoin d'un guide spirituel ?", se demanderont peut-être certains. "Ne peut-on trouver son propre chemin spirituel en lisant simplement quelques livres ?"

Celui qui veut devenir médecin doit commencer par étudier sous la direction d'enseignants hautement qualifiés. Même après l'obtention d'un premier diplôme, il devra faire son internat dans un hôpital, sous la tutelle de praticiens chevronnés, et il lui faudra des années avant de pouvoir réaliser pleinement son rêve de devenir médecin. Que dire alors de celui qui chercher à réaliser la Vérité Suprême ? Si nous désirons la Sagesse spirituelle, nous devons la chercher sous la conduite de maîtres qui ont étudié, expérimenté et pratiqué la Vérité.

Mais comment distinguer le vrai maître de l'imposteur ? En la présence d'un Être Illuminé, on ressent une aura tangible d'amour et de sérénité. L'on peut également observer que celui qui est immergé dans le Divin traite de façon semblable tous ceux et celles qui viennent à lui, quelles que soient leur réputation, leur fortune, leur religion ou leur race. Chaque parole, chaque action d'un vrai Maître sert à élever spirituellement les êtres. En lui ne se trouve nulle trace d'égo ou d'égoïsme, mais au contraire une ouverture de cœur permanente, capable d'accueillir et de servir chacun.

On peut trouver cet idéal du Maître en la personne de Mata Amritanandamayi, la 'Mère de la Félicité Immortelle'. Née en 1953, Amma (ou Ammatchi), comme on a coutume de l'appeler, est vénérée comme l'Incarnation de la Mère Universelle.

Ce livre contient une sélection de ses enseignements, et de réponses à des questions souvent posées. Les paroles de Mère revêtent la simplicité de la villageoise, mais aussi la profondeur de celle qui parle depuis le fond de l'expérience du Divin. Ses conseils sont universels et applicables à notre vie quotidienne, que nous soyons des aspirants spirituels, des gens du monde, ou tout simplement indécis.

Par dessus tout, les enseignements de Mère exigent de nous une réflexion. On ne peut se contenter de les considérer comme des propos fleuris pour nourrir à la petite cuiller notre mental et notre intellect. Au contraire, il nous faudra mettre en œuvre toute notre intelligence pour contempler ses paroles et mettre pleinement en lumière leur signification implicite. Il peut arriver qu'une phrase reste obscure ou incomplète ; quand on interroge Mère pour obtenir des éclaircissements, elle répond : “Réfléchissez-y vous-même.” En d'autres termes, les principes exposés nécessitent d'être contemplés, plutôt qu'explicités sans fin. Si quelqu'un désire sérieusement réaliser le Soi, et se consacre avec sincérité et humilité à l'étude et à la pratique de ces enseignements, il ne fait pas de doute qu'il atteindra le but.

Ouvrez ce petit recueil au hasard et voyez si les paroles de Mère ne vous touchent pas au plus profond du cœur...

K., Vallikkavu, 1986

Préface à l'édition française

Parler d'une 'sainte' aujourd'hui en Occident, est aussi périlleux qu'ambigu. Dans la tradition chrétienne, le saint est forcément canonisé et donc mort. Il appartient à une époque révolue, à une phase de la civilisation dont la page a été tournée. D'autre part, l'Occident ne cesse d'être envahi par de soi-disant saints ou saintes, sages et yogis de tous bords venus d'Orient. Chacun d'entre eux est proclamé par ses fidèles comme étant au pinacle de la hiérarchie des envoyés du Ciel.

Aussi, pour éviter d'ajouter à la confusion, notre seul salut tient-il à un retour aux grands principes : simplicité, pauvreté, dépouillement, clarté, amour inconditionnel du prochain, don de soi sans réserve dans le service.

Quelle que soit l'ère dans laquelle nous vivons et les modes qu'elle génère, quel que soit le pays ou la tradition du saint ou de la sainte, l'arbre se reconnaît à ses fruits. En ce sens, le saint a-t-il vraiment besoin d'être déjà mort pour être proclamé tel ? Ou encore, a-t-il besoin de fidèles pour être exhibé à tous les coins de rue comme étant le dernier avatar, la crème de la crème des gourous ?

La vie de Mâtâ Amritânandamayî fut et demeure pour moi le témoignage éclatant qui vient écarter de mon esprit tout dilemme. C'est par son propre exemple que la sainte proclame elle-même sa 'sainteté', en incarnant parfaitement dans sa vie et son être les principes évoqués plus haut. Elle est le modèle. Et le fait d'être ce modèle attire à elle des foules, bien qu'elle n'ait nul désir de se faire connaître. Comme elle le dit elle-même : "Sans étalage de publicité, lorsque les fleurs sont écloses, les abeilles viennent butiner."

Au cours de mes dix ans de séjours en Inde, d'abord en quête d'un maître puis désireux de me consacrer intensément à mon chemin spirituel, j'ai rencontré Amma. Sa modestie et son humilité étaient telles que je ne pus m'empêcher de demander à celui qui m'accompagnait où était "la sainte". Ce n'est qu'un peu plus tard, lorsque je la vis donner son *darshan* – qui consiste à accueillir tous les dévots qui viennent à elle, à les embrasser et les bercer un par un comme une mère, puis à écouter leurs litanies de problèmes et à leur offrir des solutions – que je fus ébloui par la grandeur de son amour réel et infini pour toute créature.

La manière unique qu'elle a de se donner ainsi a quelque chose d'inimaginable, d'insondable, voire d'incompréhensible, car les foules sont immenses et Amma ne s'accorde de repos qu'une fois la dernière personne passée. C'est souvent plus d'une douzaine d'heures par jour qu'elle accueille ainsi plusieurs milliers de dévots venus la voir de près ou de loin. Aucune personne n'est reçue avec dégoût, désintérêt, lassitude ou fatigue. La même joie irradie son visage, probablement parce qu'elle reconnaît dans le visage de chaque âme perdue, de chaque être à la recherche de son dieu, le paradoxe de ce même dieu qui sommeille dans le cœur du chercheur. Ses darshans arborrent une autre forme plus cérémonieuse pendant laquelle elle donne, de surcroît, l'initiation à un mantra pour ceux qui le demandent.

Cette “crucifixion progressive” sur le coussin d'un siège, animée par l'amour et la joie, n'est pas sans révéler une profonde sagesse, une connaissance parfaite du fondement et de la pensée des grandes Écritures – et ceci non seulement sans les avoir lues, mais aussi sans avoir reçu d'éducation qui le lui permette. L'amour d'Amma pour les créatures et ce don qu'elle fait d'elle-même dans leur service, est un éblouissant témoignage de l'unité qu'elle vit avec les créatures ou plutôt, de l'union qu'elle vit avec le Créateur par le biais de ses créatures. De cette union découle tout naturellement sa grande sagesse. Même les pandits de l'Inde sont venus émousser leurs discours sur le glaive tranchant de sa simplicité et de sa connaissance profonde qui lui vient de l'intérieur, directement de son expérience. Amma *sait*, aussi simplement qu'elle respire ; et c'est avec la même spontanéité, le même naturel qu'elle se donne dans l'amour de l'Un.

Voilà six ans qu'Amma accomplit une tournée autour du monde en passant également par la France où elle séjourne une semaine. Pour elle qui se donne entièrement sans complaisance ni prétention, avec la modestie et la simplicité qui la caractérisent, les frontières politiques ne signifient rien dans sa mission, car les enfants de Dieu sont un en Lui et tous égaux. Amma ne demande à personne de la suivre ou de “s'hindouiser”. Elle respecte l'engagement religieux et la foi de chacun, et souhaite contribuer à un plus grand enracinement de cette foi dans le cœur de ceux qui viennent à elle. De nombreux chrétiens sont parmi ses admirateurs et élèves, ainsi que des juifs et quelques musulmans. Aux chrétiens qui s'inspirent de sa vie et qui souhaitent recevoir un mantra de sa bouche, elle donne un mantra chrétien. Il n'est pas rare qu'elle parle de la vie du Christ à ses disciples et les séjours qu'elle fait à Assise ne sont pas sans signification. Ceux qui la suivent le font de leur plein gré, sans la moindre contrainte. Leur propre conviction seule constitue le cœur de leur motivation.

Amma s'insère parfaitement dans la lignée des grands êtres authentiques (*mahâtmas*) issus de cette pépinière mystique qu'est l'Inde. Nous aurons probablement entendu parler des plus connus parmi eux : Shri Ramakrishna, Anandamayi Ma, Ramana Maharshi, Swami Ramdas, et bien d'autres. Comme chacun de ses prédécesseurs, Amma vient nous porter son message, le même message universel de compassion et de sagesse, en le formulant d'une manière qui lui est propre : “Je suis la servante de chacun d'entre vous. Je ne demeure en aucun lieu particulier, je demeure en votre cœur.”

Sa manière de s'exprimer est comme sa manière de se donner : directe et sans détours. Amma dit ce qu'elle vit sans tenir compte des habitudes, conventions ou terminologies généralement acceptées. De même qu'il est quasiment révolutionnaire pour une femme de se donner ainsi “en darshan” – car sa tradition remplie de règles et de tabous n'encourage certes pas le contact corporel, voire l'interdit avec les êtres du sexe opposé – de même Amma ne va-t-elle pas hésiter à trancher net les interprétations cristallisées qui sont faites de la sagesse des Écritures, pour leur redonner un sens nouveau – ô combien évocateur – et insuffler une profondeur mystique à des termes et expressions qui sont fort simples de prime abord.

Ce recueil contient une sélection de paroles organisées autour de thèmes. Cette sélection n'a pas été prévue pour ‘l'occidental’. Elle est la traduction fidèle, non-édulcorée, de conseils qu'Amma a donnés à son premier groupe d'aspirants indiens qui brûlaient du désir de renoncer au monde pour mieux le servir. Les métaphores et paraboles sont souvent truculentes, imprégnées qu'elles sont d'une saveur toute ‘rurale’, bien terre-à-terre. Nous les avons conservées telles quelles, à la fois pour leur charme et afin de ne pas dénaturer l'original de sa pensée.

Avant tout, ces paroles de Mère doivent être méditées. La présente traduction ne peut rendre pleinement justice à la totalité de ce qu'Amma exprime de manière si savoureuse et profonde dans sa langue natale, le malayalam. Le défi auquel est confronté le traducteur est de faire partager dans toute sa transparence la vision transcendante de Mère.

Puissent notre esprit et notre cœur se faire assez subtils pour assimiler l'éternelle sagesse contenue dans ces *Paroles d'Amma*.

Sarvâtma
juin 1992

À PROPOS DE MÈRE

1

Mes enfants*, il se peut que la mère qui vous a donné le jour prenne soin de vous pour tout ce qui se rapporte à cette vie, bien que de nos jours, cela soit de moins en moins courant. Mais le but de 'Mère' est de vous guider de telle manière que vous puissiez jouir de la béatitude dans toutes vos vies futures.

2

Quand on presse sur une plaie pour enlever le pus, cela fait mal. Mais un médecin consciencieux renoncera-t-il à le faire sous prétexte que cela est douloureux ? De même, lorsque vos vâsanas** (tendances héritées du passé) sont en train d'être éliminées, vous ressentez une souffrance, mais c'est pour votre bien. Tout comme les insectes qui nuisent aux jeunes plantes doivent être détruits, Mère ôte les vâsanas mauvaises qui sont en vous.

---

*Dans le texte original, Amma emploie le plus souvent 'enfants', et non 'mes enfants'. Mais cette dernière expression nous a paru mieux adaptée pour la version française. N. d. T.

**On trouvera un glossaire des termes sanskrits utilisés par Amma en fin d'ouvrage (pp. 151 et suivantes).

3

Peut-être vous est-il facile d'aimer Mère, mais ce n'est pas suffisant ; essayez de voir Mère en chacun. Ô mes enfants, ne croyez pas que Mère soit limitée à ce corps.

4

Aimer pleinement Mère, c'est aimer d'une manière égale tous les êtres du monde.

5

L'amour de ceux qui aiment Mère seulement lorsque Mère les aime n'est pas réel. Seul celui qui se cramponne aux pieds de Mère malgré ses réprimandes aime vraiment Mère.

6

Celui qui, vivant à l'ashram, applique chaque instruction de Mère pour se diriger dans la vie, peut atteindre la libération. Si l'on médite les actes et les paroles de Mère, il n'est plus nécessaire d'étudier aucune Écriture.

7

Le mental a besoin de se fixer sur quelque chose. C'est impossible sans la foi. Lorsqu'une graine est semée, sa croissance ultérieure dépend de la profondeur de son enracinement dans le sol. Sans la foi, la croissance spirituelle est impossible.

8

Où que vous alliez, vous devez répéter silencieusement votre mantra, ou bien méditer. Si cela ne vous est pas possible, alors lisez des livres de spiritualité. Ne gaspillez pas le temps. Mère ne se soucie pas de la perte de plusieurs millions de roupies, mais elle se sent réellement concernée quand il s'agit de la perte d'un seul instant. L'argent perdu peut toujours être regagné, mais non le temps perdu. Mes enfants, gardez toujours présente en votre esprit la valeur du temps.

9

Mes enfants, Mère ne dit pas que vous devriez croire en elle ou en un Dieu qui serait aux Cieux. Il suffit de croire en vous-même. Tout est en vous.

10

Si vous aimez vraiment Mère, accomplissez une sâdhana – pratique spirituelle – et cherchez à vous connaître vous-même. Mère vous aime sans rien attendre de vous. Il lui suffirait de voir ses enfants goûter en permanence, nuit et jour, la paix.

11

Ce n'est que lorsque vous serez capable d'aimer de façon désintéressée jusqu'à la moindre fourmi que Mère pourra croire que vous l'aimez vraiment. Mère ne peut considérer d'autres formes d'amour comme de l'amour. L'amour né de l'égoïsme est insupportable à Mère.

12

Le comportement de Mère change selon vos pensées et vos actions. C'est sous la forme féroce de Narasimha – mi-homme mi-lion – que le Seigneur se jeta en rugissant sur le roi des démons Hiranyakasipou. Mais Il redevint paisible en présence de Son dévôt Prahlâda. Ce n'est qu'en fonction des différentes actions de Hiranyakasipou et de Prahlâda que Dieu, qui est pur et au-delà de tout attribut, a adopté ces attitudes différentes. De même, le comportement de Mère change en fonction de l'attitude de ses enfants. Mère, dont vous faites l'éloge en tant que celle pleine d'amour peut parfois se montrer cruelle ! Mais c'est seulement afin de corriger les erreurs de conduite de ses enfants, avec pour seule intention de les rendre meilleurs.

LE GOUROU

13

Si l'on sait dans quelle boutique acheter tel objet, est-il nécessaire de faire toutes les boutiques du marché ? C'est inutile et une perte de temps. De même, lorsqu'on a trouvé un Gourou, on devrait cesser d'errer, commencer une sâdhana et s'efforcer d'atteindre le but.

14

Le Gourou lui-même viendra vers celui qui cherche. Le chercheur spirituel n'a pas besoin d'errer pour se mettre en quête d'un gourou, mais devrait faire preuve d'un détachement intense.

15

Le Gourou est indispensable au sâdhak (aspirant). Si un enfant s'approche du bord d'un étang, sa mère lui fait prendre conscience du danger et l'en éloigne. De même, le Gourou donnera au sâdakh des instructions appropriées au moment opportun. À tout moment, son attention reste fixée sur le disciple.

16

Même si Dieu est partout présent, la présence du Gourou reste quelque chose d'unique. Le vent souffle partout, mais c'est seulement à l'ombre d'un arbre qu'on peut en apprécier la fraîcheur. La brise qui souffle à travers le feuillage n'a-t-elle pas un effet apaisant pour qui voyage sous un soleil brûlant ? De même, pour nous qui vivons dans la chaleur torride du monde, le Gourou est nécessaire. Sa présence nous procure paix et tranquillité.

17

Mes enfants, même si des excréments restent longtemps au soleil, c'est le vent seul qui, en soufflant, en éliminera la puanteur. De même, pratiquer la méditation pendant des siècles ne nous affranchira pas de nos vâsanas, à moins que nous ne vivions avec le Gourou. La grâce du Gourou est nécessaire ; toutefois le Gourou ne pourra la déverser que dans un esprit innocent.

18

Si nous voulons progresser spirituellement, nous devons avoir une attitude de total abandon au Gourou. Quand un enfant apprend l'alphabet, le professeur lui tient le doigt afin de l'aider à tracer telle ou telle lettre dans le sable. Les mouvements du doigt de l'enfant doivent être sous le contrôle du maître. Mais si, dans un mouvement d'orgueil, l'enfant se met soudain à penser : "Moi, je sais tout", et qu'il cesse d'obéir au maître, comment pourra-t-il apprendre ?

19

Nos expériences sont en vérité notre propre Gourou. Mes enfants, le chagrin est le Gourou qui nous rapproche le plus de Dieu.

20

La dévotion envers le Gourou devrait être empreinte de vénération ('bhaya bhakti'). De surcroît, le lien avec le Gourou doit être vécu comme un lien d'amour du style : "Gourou, tu es mien". La relation avec lui est comparable à celle d'un enfant avec sa mère : même si la mère donne une bonne râclée à son enfant et le repousse, celui-ci s'efforcera néanmoins de se cramponner à elle. Bien qu'une dévotion pleine de respect aide à progresser spirituellement, ces progrès ne seront véritablement profitables que grâce à ce lien avec le Gourou.

21

Mes enfants, votre amour pour le Gourou ne suffira pas à détruire vos vâsanas. Il faut une dévotion et une foi basées sur les grands Principes ; pour cela, il vous faut consacrer votre corps, votre esprit et votre intellect à la voie. Les vâsanas ne peuvent être déracinées que si l'on cultive la foi et l'obéissance au Gourou.

22

Pour germer, la graine doit être semée à l'ombre d'un arbre, puis transplantée lorsqu'elle devient une jeune plante, sinon sa croissance ne pourra se faire correctement. De même, un aspirant doit rester auprès de son Gourou deux ou trois ans au minimum. Ensuite, il devra poursuivre sa sâdhana dans un endroit retiré. C'est nécessaire pour sa croissance spirituelle. *[Rappel : ces paroles s'adressent à des renonçants. N.d.T.]*

23

L'unique désir d'un Gourou authentique est la croissance spirituelle du disciple. Les épreuves ne sont données au disciple que dans le but de le faire grandir, de l'affranchir de ses faiblesses. Il peut même arriver qu'un Gourou blâme son disciple pour des erreurs que ce dernier n'a pas commises. Seuls pourront grandir ceux qui sont capables d'endurer de telles épreuves sans fléchir.

24

Le vrai Gourou ne peut être reconnu que par l'expérience.

25

Un poulet élevé artificiellement en couveuse ne pourra survivre que si on lui procure une alimentation et un environnement idéaux, tandis qu'un poulet élevé à la campagne sera capable de survivre indépendamment des circonstances et de sa nourriture. Mes enfants, le sâdhak qui vit avec un Gourou est comme un poulet élevé naturellement : il aura le courage de surmonter n'importe quelle situation et rien ne pourra l'entraver. Le sâdhak ayant vécu près d'un Gourou acquerra une force qu'il conservera toujours.

26

Il se peut qu'un disciple montre parfois une attitude possessive à l'égard du Gourou ; un tel type d'attitude ne s'élimine pas si aisément. Le disciple peut parfois chercher à obtenir le maximum d'amour de son Gourou. Il arrive que certains disciples, lorsqu'ils ont l'impression de ne pas l'obtenir, quittent le Gourou et aillent même jusqu'à essayer de le dénigrer. Celui qui désire l'amour du Gourou doit servir autrui de façon désintéressée.

27

On peut toujours apaiser la colère de Dieu. Mais Dieu Lui-même ne peut pardonner le péché qui consiste à dénigrer le Gourou.

28

Le Gourou et Dieu sont présents en chacun. Mais au début, un Gourou extérieur est une nécessité. Lorsqu'un certain niveau a été atteint, on devient capable de saisir les principes essentiels inhérents en toutes choses, et on peut aller de l'avant. Tant qu'un enfant n'est pas conscient du but à atteindre, il n'étudie ses leçons que par crainte de ses parents et de ses maîtres. Mais dès qu'il devient conscient du but, il va se mettre à étudier de son plein gré, en renonçant au cinéma, au sommeil, etc... Le respect et la crainte qu'il avait jusqu'alors à l'égard de ses parents n'étaient donc pas de la faiblesse. Mes enfants, lorsque la conscience du but commence à poindre, le Gourou intérieur s'éveille aussi.

29

Parmi ceux qui ont trouvé un Gourou, seuls ceux qui sont aptes seront acceptés. Sans la grâce du Gourou, on ne peut le connaître. Celui qui, en toute sincérité, recherche la Vérité, demeurera simple et humble. En lui s'écoulera la grâce du Gourou. Tandis que tel autre, plein d'égo, sera dans l'incapacité d'atteindre le Gourou.

30

Mes enfants, quelqu'un peut toujours dire : “Dieu et moi, nous sommes Un”, mais un disciple ne dira jamais : “Mon Gourou et moi sommes Un”, car c'est le Gourou qui éveille le “Moi” du disciple. Cette grandeur du Gourou est une vérité permanente et le disciple devra en tenir compte dans sa conduite.

31

Tout comme la poule abrite sous ses ailes sa dernière couvée de poussins afin de les protéger, le véritable Gourou prend pleinement soin de ceux qui vivent selon ses instructions. Il soulignera les plus infimes de leurs erreurs, et les corrigera sur-le-champ. Il ne permettra pas à leur égo de se gonfler ne serait-ce que d'un iota. Afin de couper court à tout orgueil, il se peut que le Gourou soit amené à agir de manière apparemment cruelle.

32

Celui qui observe le forgeron en train de marteler un morceau de fer chauffé à blanc peut penser qu'il s'agit d'un homme violent. Le morceau de fer lui-même peut également se mettre à penser qu'il n'est pire brute que ce forgeron. Quant à celui-ci, chaque fois qu'il assène un coup, il garde sans cesse à l'esprit cette nouvelle forme qu'il est en train de faire émerger. Mes enfants, le vrai Gourou agit comme cet homme-là.

DIEU

33

De nombreuses personnes s'interrogent ainsi : “Existe-t-il un Dieu, et si oui, où ?” À ces personnes, il faut poser la question : “Qui vint en premier de la poule ou de l'œuf ?”, ou bien : “Du cocotier ou de la noix de coco, qui apparut en premier ?”. Quel est celui qui peut répondre à de telles questions ? Au-delà de la noix de coco, au-delà du cocotier, se tient une Puissance Suprême, source et fondement de tout, une puissance qui est au-delà des mots : Dieu. Mes enfants, Celui qui est la Cause Primordiale de toute chose, c'est Dieu.

34

Mes enfants, nier l'existence de Dieu revient à se servir de sa langue pour dire : “Je n'ai pas de langue.” De même que l'arbre est contenu dans la graine, que le beurre est présent dans le lait, de même Dieu existe en toute chose.

35

Bien que l'arbre soit latent dans la graine, celle-ci doit avoir l'humilité d'être mise en terre pour pouvoir germer. Pour que l'œuf puisse éclore et donner un poussin, la poule doit d'abord le couver et faire preuve de beaucoup de patience. De même, le beurre ne peut être séparé du lait que si celui-ci a été préparé puis longuement baratté. Bien que Dieu imprègne toute chose, des efforts acharnés sont nécessaires pour Le réaliser.

36

Là où égo et égoïsme sont présents, on ne peut voir Dieu. Si, grâce à nos prières sincères, Dieu fait un pas vers nous, à cause de notre égoïsme, il s'éloignera de mille pas. S'il suffit d'un instant pour sauter dans un puits, lorsqu'il s'agit d'en ressortir, c'est une autre affaire. Pareillement, la grâce de Dieu, qui est difficile à obtenir, peut être perdue en un seul instant.

37

Mes enfants, même si l'on s'adonne à une sâdhana pendant plusieurs incarnations, on ne peut réaliser Dieu sans éprouver pour Lui un amour pur et un désir ardent.

38

Une femme sera considérée comme une sœur par son frère, comme une épouse par son mari et comme une fille par son père. Peu importe qui la regarde et sous quel point de vue, elle reste une et semblable à elle-même. De même, Dieu est Un, et chacun Le voit d'une façon qui lui est propre.

39

Dieu peut prendre n'importe quel aspect. Que l'on donne à un morceau d'argile la forme d'un serpent, d'un éléphant, d'un cheval ou d'autre chose, sa nature d'argile n'en est pas affectée pour autant car toutes ces formes sont latentes dans le morceau d'argile encore informe. De même, l'on peut sculpter et faire émerger n'importe quelle forme à partir d'un morceau de bois. Il est possible de donner un nom à chacune de ces formes sculptées, ou bien simplement de les percevoir comme participant toutes de la nature essentielle du bois. De même, Dieu, qui est sans attributs, imprègne toutes choses ; toutefois Il ne se révèle à chacun qu'en fonction de la conception qu'on a de Lui.

40

Mes enfants, de par Sa propre Volonté, Dieu peut revêtir n'importe quelle forme, puis retourner à Sa Nature Primordiale, tout comme l'eau peut se transformer en glace, puis retourner à l'état liquide en fondant.

41

Lorsque l'on construit un barrage, l'eau provenant de différentes directions est stockée dans un réservoir. L'électricité va être générée par l'énergie de la chute d'eau ainsi produite. De même, si le mental qui erre aujourd'hui d'objet en objet est exercé à se concentrer, la vision de Dieu pourra être obtenue grâce à sa puissance de concentration.

42

Mes enfants, dès que l'on prend refuge en Dieu – ne serait-ce qu'une seule fois –, il n'y a plus rien à craindre : Dieu prend soin de chaque chose. Il existe un jeu que les enfants nomment "chat" : un enfant – le chat – prend en chasse les autres et va tenter de toucher l'un d'entre eux. Ceux-ci doivent ou bien courir afin d'éviter que le chat ne les attrape, ou bien se coller contre un arbre désigné au préalable, ce qui les met à l'abri du chat. De même, si nous nous agrippons à Dieu, personne ne peut nous atteindre ni nous nuire.

43

Quand un fils regarde le portrait de son père, ce n'est ni à celui qui a peint le portrait ni à la peinture qu'il pense, mais bien à son père. De même, c'est Dieu que voit le dévot dans la statue ou l'icône ; il voit le Père Universel. Il se peut qu'un athée dise que c'est le sculpteur qu'on devrait adorer et non la statue. Si certains parlent ainsi, c'est parce qu'ils ont une conception erronée de Dieu et du principe que recèle le portrait ou la statue.

44

Il n'y a pas lieu de blâmer Dieu à cause de l'iniquité et des problèmes qui règnent en ce monde. Dieu nous a montré le bon chemin à suivre, et n'est pas responsable des misères et des maux que nous créons en refusant de le suivre. Une mère dira à son enfant de ne pas marcher au bord d'un étang ou de ne pas toucher au feu. Si l'enfant ne tient pas compte des conseils de sa mère et tombe dans l'étang ou se brûle les doigts, faut-il pour autant en blâmer la mère ?

45

Ceux qui disent : “Dieu s'occupera de tout” et restent assis passivement sont des paresseux. Si Dieu nous a donné l'intelligence, c'est pour que l'on s'en serve à bon escient et qu'on agisse avec discernement. Si nous pensons que c'est Dieu qui doit prendre soin de tout, à quoi nous servirait alors notre intelligence ?

46

Certains objectent que si tout survient de par la volonté divine, c'est donc Lui qui nous fait commettre des fautes. Parler ainsi n'a pas de sens. La responsabilité d'une quelconque action inspirée par l'égo incombe uniquement à son auteur et non à Dieu. Si nous croyons réellement que c'est Dieu qui nous a fait commettre un crime, il nous faut alors accepter la sentence de pendaison que le juge prononce à notre encontre comme émanant aussi de Dieu. Cela nous est-il vraiment possible ?

47

Mes enfants, la Réalisation de Dieu et la Réalisation du Soi sont une seule et même chose. L'aptitude à aimer tout le monde, l'expansion de l'esprit et l'équanimité, voilà ce qui caractérise la Réalisation de Dieu.

48

Même si tous les êtres du monde entier nous aiment, cela ne nous apporte pas un iota de la félicité que nous pouvons goûter lors d'un seul instant de l'Amour de Dieu. La béatitude que nous donne Son Amour est si intense et si parfaite que rien ne peut lui être comparé.

49

Le fait de ne pas voir Dieu peut-il nous autoriser à dire que Dieu n'existe pas ? Beaucoup de gens n'ont jamais vu leur grand-père. Disent-ils pour autant que leur père est un bâtard ?

50

Tout petits, on a posé beaucoup de questions à notre mère et on a beaucoup appris d'elle. Après avoir grandi un peu, l'on s'est mis à raconter nos problèmes à des amis. Une fois parvenus à l'âge adulte, on a confié nos peines à notre conjoint. C'est ainsi que ces tendances (samskâras) se sont développées en nous. Mais cela doit changer.

C'est à Dieu seul qu'il nous faut confier nos peines. C'est seulement lorsque l'on a partagé ses chagrins avec quelqu'un que l'on se sent soulagé. Puisque nous sommes incapables de croître sans compagnon, que ce compagnon et confident soit Dieu.

51

Les amis d'aujourd'hui seront peut-être les ennemis de demain. Le seul ami en qui nous pouvons toujours avoir confiance et prendre refuge, c'est Dieu.

52

Croyez-vous que Dieu ait quelque chose à gagner de notre foi en Lui ? Est-ce que le soleil a besoin de la lueur d'une bougie pour éclairer son chemin ? Avoir la foi ne profite qu'au croyant. Quand, dans un temple, nous participons avec foi à l'adoration de Dieu et que nous contemplons le camphre que l'on fait brûler en offrande, c'est notre mental qui atteint la concentration et la paix.

53

Les adeptes des différentes religions suivent leurs propres coutumes et rites, et se réunissent dans des lieux de culte distincts. Pourtant Dieu est Un. Même si en malayalam on appelle le lait "pâl" et qu'en hindi on l'appelle "doudh", la qualité et la couleur du lait demeurent identiques. Les chrétiens prient Dieu sous le nom de “Christ”, tandis que les musulmans l'appellent “Allah”. Même la forme de Krishna varie dans le Sud et le Nord de l'Inde ; ainsi au Nord, on le représente coiffé d'un turban. Chacun appréhende et adore Dieu en fonction de sa propre culture et inclinations. Les Mahâtmas (Grandes Âmes) ont dépeint Dieu sous des formes diverses, en fonction des époques et du goût des peuples.

54

On ne peut se libérer de l'identification avec le corps et accéder à la Lumière de l'Âme que si l'on ressent un désespoir semblable à celui de quelqu'un qui serait pris au piège dans une maison en flammes ou en train de se noyer au large. Une telle personne n'aurait pas à attendre longtemps pour obtenir la vision de Dieu.

55

Mes enfants, si l'on a perdu ses clés, on va chercher un serrurier pour qu'il ouvre la porte. De même, pour ouvrir le ‘cadenas’ de l'attraction-répulsion, il faut aller chercher la clé qui se trouve entre les mains de Dieu.

56

Dieu est le fondement de toutes choses. La foi en Dieu va faire fleurir l'Amour. De l'Amour va naître le sens du dharma qui, à son tour, sera suivi par celui de la justice et de la paix. On devrait être aussi ardents à compatir aux peines d'autrui, qu'on le serait pour mettre de la pommade sur notre main brûlée. On peut accéder à ce but grâce à une foi absolue en Dieu.

MAHÂTMAS ET INCARNATIONS

57

« L'Âtman qui réside en chaque être réside en moi également. Rien n'est différent de moi. Les peines et les difficultés de l'autre sont les miennes. » Celui qui réalise cela par lui-même est un *jñani* (un homme de connaissance, de sagesse).

58

La différence entre une âme individuelle (*jîva*) et une Incarnation peut être comparée à celle qui existe entre une personne qui a un don inné pour le chant et une autre qui a appris à chanter. La première peut apprendre un chant en ne l'entendant qu'une seule fois, tandis qu'il faudra beaucoup de temps à l'autre pour l'apprendre.

59

Puisque toute chose fait partie de Dieu, tout le monde est une 'Incarnation'. Les *jîvas* sont ceux qui, ne sachant pas qu'ils font partie de Dieu, pensent : "je suis le corps, voici ma maison, ma propriété, etc...".

60

Les Incarnations ont un sens de plénitude que les autres n'ont pas. Comme elles font un avec la Nature, leur esprit est différent de ce que l'on nomme ordinairement 'esprit'. Tous les esprits sont contenus dans leur Esprit. Une Incarnation est donc elle-même un 'Esprit Universel', au-delà des paires d'opposés (pureté-impureté, joie-peine, etc...). Ce qu'on appelle Incarnation, c'est la descente de Dieu Lui-même dans une forme humaine.

61

Aucune limite ne peut entraver une Incarnation. Les Incarnations sont comme les pointes d'icebergs dans l'Océan de Brahman (l'Absolu). La totalité du pouvoir divin ne peut être confinée dans un corps humain de 1m50 ou 1m80, mais Dieu peut accomplir Sa volonté à travers ce petit corps. Telle est la caractéristique des formes prises par les Incarnations.

62

Les Incarnations sont d'un grand secours pour ceux qui veulent se rapprocher de Dieu. C'est uniquement pour notre salut que Dieu revêt une forme. En réalité, les Incarnations ne sont pas limitées à un corps, même si Elles nous apparaissent telles.

63

Partout où se trouvent les Mahâtmas (Grandes Âmes), les gens aiment s'assembler autour d'eux, se sentant attirés par eux comme de la poussière par un tourbillon de vent. Leur souffle, l'air même qui effleure leur corps, est bénéfique au monde.

64

Mes enfants, Jésus fut crucifié, Shri Krishna fut tué d'une flèche. C'est seulement de leur plein gré que ceci a pu se produire. Sans cela, personne n'aurait pu même les approcher. Ils avaient le pouvoir de réduire en cendres ceux qui s'opposaient à Eux. Mais Ils ne l'ont pas fait. Ils ont pris un corps pour servir d'exemple au monde. Ils sont venus montrer ce que signifie le sacrifice.

65

Un sannyâsi est quelqu'un qui a renoncé à tout. Il endurera et pardonnera toutes les mauvaises actions des autres, et les conduira le long du bon chemin avec amour. La vie des sannyâsis est l'exemple même du sacrifice de soi. À jamais établis dans la béatitude, ils ne dépendent de rien d'extérieur pour trouver la joie. Ils puisent leur félicité en eux-mêmes.

66

La personne qui marche en tenant par la main un petit enfant fait de petits pas, pour éviter que l'enfant ne trébuche et tombe. De même, si l'on veut élever des gens ordinaires, on doit d'abord descendre à leur niveau. Un chercheur ne devrait jamais penser avec orgueil : “Moi, je suis sannyâsi”. Sa vie devrait être un exemple pour le monde.

67

Au cours de sa vie, Shri Krishna a joué bien des rôles : Il a été berger, roi, messager, chef de famille et conducteur de char. Il ne s'est pas contenté de rester dans une tour d'ivoire, en proclamant : “Je suis le Roi”. Selon les dispositions mentales (samskâras) de chacun, Krishna enseignait différemment. S'adaptant à chacun, faisant un avec chaque individu, Krishna montrait le chemin. Seules de telles âmes peuvent mener le monde.

68

Certains portent la robe ocre et déclarent fièrement : “Je suis sannyâsi”. Ils ressemblent à ces plantes sauvages dont les racines ont des tubercules. Il existe bien une variété domestique de ces plantes qui leur ressemble, mais seules les premières possèdent des tubercules sur leurs racines, lorsqu'on les arrache. L'ocre est la couleur du feu. Seuls ceux qui ont brûlé la conscience de leur corps physique sont aptes à la porter.

LES ÉCRITURES

69

Mes enfants, les Écritures révèlent les expériences des sages. On ne peut les appréhender par l'intellect, mais seulement par l'expérience.

70

Nous n'avons nul besoin de chercher à connaître toutes les Écritures, qui sont aussi vastes que l'océan. Il suffit simplement d'en extraire les principes essentiels, comme on recueille les perles de la mer. Une fois qu'on a sucé le jus de la canne à sucre, on peut en recracher les fibres.

71

Seul celui qui s'adonne à la sâdhana (pratiques spirituelles) peut saisir les nuances subtiles que recèlent les Écritures.

72

La simple étude des Écritures ne peut mener à la perfection. Pour se guérir d'une maladie, il ne suffit pas de lire simplement la posologie sur un médicament ; on doit prendre le médicament. On ne peut atteindre la Libération par la simple étude des textes sacrés ; la pratique est également essentielle.

73

La pratique de la méditation alliée à l'étude des Écritures est plus profitable que de méditer sans avoir recours à la connaissance des textes sacrés. Lorsque le mental s'agite, celui qui a étudié pourra retrouver de la force grâce à sa réflexion sur les paroles des Écritures. Elles l'aideront à surmonter ses faiblesses. Seul celui qui s'adonne à la fois à la sâdhana et à l'étude des Écritures peut vraiment servir le monde d'une façon désintéressée.

74

L'étude des Écritures est nécessaire jusqu'à un certain point. Celui qui a étudié l'agriculture peut aisément planter et cultiver un cocotier. Dès qu'il verra le moindre symptôme d'une maladie apparaître, il saura comment y remédier. Mais si l'on se contente simplement de dessiner un cocotier, on ne pourra étancher sa soif. Pour jouir d'un fruit, il faut planter puis nourrir les graines de l'arbre. De même, si l'on veut vivre les expériences décrites dans les Écritures, il faut faire une sâdhana.

75

Celui qui, sans faire de sâdhana, passe son temps à essayer d'acquérir une connaissance livresque des Écritures est comme un fou qui essaierait de vivre dans une maison dont seul le plan a été conçu.

76

Si l'on connaît la route, le voyage sera facile et l'on pourra atteindre sans tarder sa destination. Mes enfants, telle est l'utilité des Écritures.

77

Celui qui a choisi de vivre une vie spirituelle ne devrait pas passer plus de trois heures par jour à étudier les Écritures. Le reste du temps devrait être consacré au japa (répétition du nom du Seigneur) et à la méditation. *[Réponse d'Amma à ses brahmacharis vivant en Inde. N.d.T.]*

78

Celui qui s'adonne trop à l'étude des Écritures aura du mal à s'asseoir pour méditer, car il sera toujours tiraillé par le désir d'enseigner autrui, et pensera : "Je suis Brahman, aussi pourquoi devrais-je méditer ?". Même s'il essaie de s'asseoir avec l'intention de méditer, son mental ne lui permettra pas de le faire, et le contraindra à se lever.

79

Mes enfants, qu'allez-vous gagner à passer toute votre vie à l'étude des Écritures ? Personne ne songerait à manger tout un sac de sucre pour en connaître la saveur ; une seule pincée suffit.

80

Dans un grenier, une graine peut avoir un sentiment d'auto-suffisance, et penser : “Pourquoi devrais-je m'incliner vers le sol ?”. Mais il ne lui vient pas à l'esprit qu'en quittant le grenier et en germant elle pourrait se multiplier et être ainsi utile aux autres, alors qu'en restant là-haut, elle va simplement servir de nourriture aux rats. L'érudit n'ayant que la connaissance des Écritures est semblable à cette graine dans le grenier. Sans sâdhana, comment pourra-t-il faire bon usage de la connaissance ? Tel un perroquet, il ne pourra que répéter : “Je suis le Réel, je suis Brahman.”

CONNAISSANCE, DÉVOTION, ACTION

81

Équanimité et yoga (état d'union avec Dieu) sont une seule et même chose. Une fois l'équanimité atteinte, la Grâce s'écoule en un flot continu. La sâdhana n'est plus alors nécessaire. Il se peut qu'une personne aime manger cru le fruit du jacquier, tandis qu'une autre le préférera cuit et une troisième grillé. Bien que les goûts soient différents, le but de se nourrir reste le même : apaiser la faim. De même, chacun adopte un chemin différent pour connaître Dieu. Mes enfants, quel que soit le chemin choisi, le but reste le même : la réalisation de Dieu.

82

La dévotion non fondée sur le Principe essentiel ne peut nous mener à la Libération. Elle ne sera qu'une cause supplémentaire d'asservissement pour l'homme. De même, le jasmin est une plante grimpante qui s'accroche aux autres arbres et les gêne dans leur croissance en les empêchant de grandir.

83

La connaissance sans dévotion revient à essayer de mâcher des pierres.

84

La dévotion ancrée dans le Principe essentiel ('tattvattil bhakti'), c'est de prendre refuge dans le Dieu unique qui se manifeste comme le Tout, et de l'aimer sans attente, sans chercher à savoir s'il existe ou non de nombreux dieux. En gardant ce but bien présent à l'esprit, on devrait aller de l'avant. Si l'on souhaite aller vers l'est, il ne sert à rien de se diriger vers l'ouest.

85

Mes enfants, le but de la vie, c'est la réalisation de Dieu. Efforcez-vous de l'atteindre ! Ce n'est qu'après avoir bien nettoyé une blessure qu'on peut y appliquer un remède. Sinon, elle risque de ne pas cicatriser et de s'infecter. De même, ce n'est qu'après avoir lavé l'égo avec les eaux de la dévotion que la connaissance devrait être transmise. À partir de ce moment-là seulement le développement spirituel pourra avoir lieu.

86

Le beurre ne rancit pas si on le fait fondre ; mais s'il refuse de fondre en s'obstinant à dire "Je suis le beurre", il finira par sentir mauvais. Tant que l'égo subsiste, l'orgueil et les autres impuretés ne fondront que par la dévotion, et il n'y aura plus trace de mauvaise odeur.

87

Certains se demandent pourquoi Mère accorde tant d'importance à la voie de la dévotion. Mes enfants, Shankaracharya lui-même, alors qu'il avait établi l'Advaïta (philosophie de la non-dualité), en est venu à écrire finalement le *Soundarya Lahari* (versets de louange à la Mère Divine). Le Sage Vyâsa, l'auteur des *Brahma Sûtras*, ne se sentit satisfait qu'après avoir écrit le *Bhâgavatam*. Sur mille individus, un ou deux seulement pourront parvenir au but grâce à la voie de la connaissance. Mère peut-elle rejeter les autres ? Pour ceux-ci, seule la voie de la dévotion sera bénéfique. Après s'être rendu compte que les discours sur l'Advaïta ou la rédaction des *Brahma Sûtras* n'étaient guère utiles au commun des mortels, Shankara et Vyâsa se sont mis à composer des ouvrages dévotionnels.

88

Dans la voie de la dévotion, on peut dès le début savourer le fruit de la félicité, tandis qu'avec les autres voies, on ne pourra l'obtenir que vers la fin. La *bhakti* (dévotion) est semblable à l'arbre du jacquier, qui porte des fruits au bas de son tronc, alors qu'il faut grimper au sommet des autres arbres pour en cueillir les fruits.

89

Au début, la vénération et la dévotion que l'on devrait ressentir envers Dieu seront teintées de crainte (‘bhaya bhakti’). Par la suite, ce ne sera plus nécessaire. Une fois l'état d'Amour Suprême atteint, l'élément de crainte disparaît.

90

Quels que soient le nombre et la durée des méditations et des japas, ceux-ci ne porteront pas de fruits s'ils ne sont accompagnés d'amour envers Dieu. En dépit de tous nos efforts, si l'on rame contre le courant, la barque ne progressera que centimètre par centimètre. Mais si nous montons une voile, le bateau prendra de la vitesse. L'amour pour Dieu est comme une voile nous permettant d'avancer vite, et d'atteindre rapidement le but.

91

Tout le monde s'accorde à dire qu'accomplir son ‘karma’ (activité) est suffisant, mais pour accomplir son karma, la connaissance est nécessaire. L'action sans connaissance n'est pas l'action juste.

92

Les actions accomplies avec ‘shraddha’ (soin et attention) nous mèneront à Dieu. Shraddha est nécessaire. Shraddha seule permet d'atteindre la concentration. Bien souvent, ce n'est qu'une fois l'action accomplie que nous considérons ce dont il aurait fallu s'occuper. En général, ce n'est qu'après avoir quitté la salle d'examen que l'on se dit : "Oh, j'aurais dû répondre comme ci ou comme ça !" À quoi sert-il d'y penser après coup ?

93

Mes enfants, quelle que soit l'action accomplie, shraddha (attention soutenue, vigilance) est nécessaire. Une action faite sans shraddha ne sert à rien. Si un sâdhak peut se souvenir des détails d'actions qu'il a accomplies des années auparavant, c'est grâce à l'extrême attention qu'il y a consacrée. Même lorsque l'on accomplit des actions banales en apparence, nous devrions y mettre toute notre attention.

94

Quand on se sert d'une aiguille, on devient très attentif, même si cet objet peut paraître quelque chose de bien insignifiant. Mais si l'on manque d'attention, on ne pourra pas passer le fil dans le chas de l'aiguille. Il suffit d'une seconde d'inattention en cousant pour qu'on se pique le doigt avec l'aiguille. On ne va pas non plus laisser traîner négligemment l'aiguille n'importe où, de peur que quelqu'un ne se pique le pied ou ne se blesse. Quelle que soit la tâche qu'il accomplit, le sâdhak se doit d'y mettre la même qualité d'attention.

95

Mieux vaut ne pas parler en travaillant car sinon la concentration ne sera pas obtenue. Une action accomplie sans attention ne sert à rien. N'oubliez pas de pratiquer votre 'mantra japa' en faisant votre travail. Si la tâche à accomplir est telle que vous ne puissiez faire le japa, avant de vous mettre à l'œuvre priez ainsi : "Mon Dieu, c'est Ton œuvre que je vais faire. Puisses-Tu me donner la force et la faculté de l'accomplir. C'est grâce à Ta Puissance que je peux travailler."

96

Celui qui, en permanence, se souvient de Dieu quel que soit le travail à accomplir est le véritable 'karma yogi', le vrai chercheur. Il voit Dieu en chacune des tâches qu'il accomplit. Son esprit n'est pas dans le travail, mais demeure en Dieu.

97

Seulement très peu de gens sont aptes à suivre la voie de la connaissance : ce sont ceux qui auront hérité de ce 'samskâra' (tendance) lors de vies antérieures. Mais si un Gourou authentique est présent, quelle que soit la voie choisie, il n'y aura pas de problème. Dans la méditation qui se sert d'une forme, nous méditons en fait seulement sur nous-mêmes. À midi, alors que le soleil est au zénith au-dessus de nos têtes, notre corps ne fait plus d'ombre. Il en va de même pour la méditation qui prend une forme pour support : lorsqu'on atteint un certain stade, la forme de la méditation disparaît d'elle-même. Une fois l'état de perfection atteint, il n'y a plus ni ombre, ni dualité, ni illusion.

98

Au début, une vigilance extérieure (shraddha) est nécessaire. Si notre nature extérieure manque de vigilance, il ne nous sera pas possible de conquérir notre nature intérieure.

LE PRÂNAYÂMA
(Contrôle du souffle)

99

Le prânayâma devrait se pratiquer avec le plus grand soin. Lorsque l'on pratique les exercices, on devrait s'asseoir, la colonne vertébrale bien droite. S'il est possible de soigner et de guérir des maladies courantes, il n'en va pas de même pour des troubles dus à une pratique incorrecte du prânayâma.

100

La pratique du prânayâma déclenche des mouvements dans les intestins et la partie inférieure de l'abdomen. Chaque exercice de prânayâma doit être pratiqué pendant une durée bien définie, sinon le système digestif pourra être endommagé de manière irréversible. Les aliments ressortiront alors sans avoir été digérés. Aussi ne devrait-on pratiquer le prânayâma que sous la conduite personnelle d'un guide expérimenté. À chaque étape, celui-ci saura ce qu'il convient de faire, quelle plante médicinale administrer, etc... Si l'on se met à pratiquer le prânayâma uniquement d'après les livres, cela peut conduire à des effets nuisibles*. Personne ne devrait procéder ainsi.

101

Mes enfants, le nombre de cycles de prânayâma à accomplir est spécifié à chaque stade. Si ce nombre n'est pas respecté, cela peut être dangereux. Cela reviendrait à essayer de faire rentrer dix kilos de riz dans un sac ne pouvant en contenir que cinq.

102

Même sans pratiquer le prânayâma, la rétention du souffle (koumbhaka) peut se produire grâce à la dévotion. La pratique continue du japa est suffisante.

103

Le koumbhaka, c'est l'arrêt de la respiration une fois que l'on parvient à la concentration. On peut même dire que le souffle lui-même est la pensée. Le rythme respiratoire changera selon le degré de concentration des pensées.

---

*Seulement dans le cas d'une pratique intensive. Une pratique modérée du prânayâma, telle qu'on l'enseigne généralement dans le yoga en Occident, n'est pas mise en cause ici. (N. d. T.)

LA MÉDITATION

104

Concentrer son esprit, telle est la vraie sagesse.

105

La méditation pourra se faire en fixant l'attention sur le cœur ou entre les sourcils. Tant qu'on ne parvient pas à s'asseoir confortablement dans une posture donnée, l'on devrait méditer en fixant l'attention sur le cœur. La méditation entre les sourcils ne doit être pratiquée qu'en présence du Gourou, car en pratiquant ce genre de méditation, un excès de chaleur peut se produire au niveau de la tête, pouvant s'accompagner de maux de tête et de vertiges. En de telles circonstances, le Gourou sait ce qui doit être fait.

106

La méditation aidera l'esprit à se libérer de l'agitation et des tensions. Pour méditer, il n'est pas nécessaire de croire en Dieu. L'esprit peut se fixer sur n'importe quelle partie du corps, ou sur tout autre support. On peut aussi imaginer que l'on se fond dans l'Infini, tout comme la rivière rejoint l'océan.

107

Le bonheur provient de l'apaisement du mental, non des objets extérieurs. Grâce à la méditation, nous pouvons tout obtenir, y compris béatitude, longévité, charme, santé, force, intelligence et vitalité. Mais pour cela, on devrait s'appliquer à méditer correctement et dans la solitude.

108

Il est possible d'acquérir à la fois concentration et pureté mentale en méditant sur les formes de Dieu. Même sans en être conscients, les qualités pures (*sattviques*) de la Divinité Bien-Aimée s'infuseront en nous. Ne laissez pas vagabonder votre esprit, même lorsque vous êtes nonchalamment assis sans rien faire. Partout où va se poser votre regard, imaginez la forme de votre Divinité d'élection.

109

Si vous aimez méditer sur une flamme, cela est suffisant. Regardez pendant quelque temps la flamme d'une bougie dans une pièce obscure. La flamme ne devrait pas vaciller. On peut méditer sur elle en la projetant dans le cœur ou entre les sourcils. On peut aussi se concentrer, après avoir contemplé la flamme, sur la lumière qui reste visible une fois qu'on a les yeux fermés. La méditation pourra se faire en visualisant la Divinité Bien-Aimée debout dans la flamme, ou mieux encore, dans le feu sacrificiel (*hôma*). Imaginez-vous que colère, jalousie, égo, etc... sont consumés dans ce feu.

110

N'interrompez pas une méditation sous prétexte que la forme n'est pas claire. Imaginez que vous voyez en vous chaque partie de votre Divinité Bien-Aimée, à commencer par les pieds puis en remontant jusqu'à la tête. Accomplissez le bain rituel de Dieu. Revêtez la Déité de robes et d'ornements. Nourrissez ce Dieu ou cette Déité de vos propres mains. Grâce à ces visualisations, la forme de la Divinité Bien-Aimée ne s'évanouira pas de votre esprit.

111

Mes enfants, contraindre l'esprit à pratiquer la méditation revient à essayer d'immerger un morceau de bois dans l'eau. Dès qu'on relâche la pression, le bois remonte immédiatement. Si la méditation n'est pas possible, faites le japa. Grâce au japa, l'esprit se préparera au mieux à la méditation.

112

Dans les débuts, la méditation sur une forme est nécessaire. Grâce à elle, l'esprit se fixera sur la

Divinité Bien-Aimée. Quels que soient la méthode et le support employés, l'important est la concentration. À quoi servirait de coller des timbres sur une enveloppe si on a omis d'indiquer l'adresse ? Pratiquer le japa et la méditation sans concentration revient à cela.

113

C'est lorsque nous essayons de chasser les pensées négatives qu'elles commencent à poser problème. Auparavant, lorsqu'on se laissait aller à de telles pensées, elles n'étaient pas gênantes. Mais notre attitude a changé : nous sommes devenus conscients de ces pensées. Elles étaient déjà présentes jadis, mais nous n'y prêtions pas attention. Si, au cours de la méditation, elles surgissent dans l'esprit, nous devrions exercer notre discrimination ainsi : "Ô mon esprit, à quoi bon alimenter de telles pensées ? Entretenir de telles pensées, est-ce là ton but ?" Nous devrions éprouver une totale indifférence envers les objets du monde, et cultiver le détachement afin de permettre à notre amour pour Dieu de grandir.

114

Mes enfants, si on a sommeil pendant la méditation, on doit mettre un soin particulier à ne pas s'y laisser aller. Au début de la pratique de méditation, toutes les qualités *tamasiques* (inertie) vont remonter à la surface. Si l'on reste vigilant, ces tendances vont s'évanouir avec le temps. Si vous sentez que vous avez sommeil, levez-vous et pratiquez le japa tout en marchant ; aidez-vous du mâla (chapelet), en le tenant tout près de votre poitrine, avec vigilance, puis, sans hâte, continuez le japa. Si l'envie de dormir persiste, pratiquez le japa debout, sans prendre appui sur quoi que ce soit ni bouger les jambes.

115

Que l'on se tienne assis ou debout, on devrait toujours maintenir la colonne vertébrale bien droite. Ne méditez pas dans une position où la colonne est voûtée. Le mental est un voleur qui se tient toujours à l'affût pour nous réduire à l'esclavage. Si nous nous appuyons contre quelque chose, nous nous endormirons sans même nous en rendre compte.

116

Il faut un minimum de trois ans avant de pouvoir bien fixer en soi la forme sur laquelle on médite. Au début, l'on s'efforcera d'atteindre à la concentration en regardant une photo. Si l'on pratique la méditation les yeux fermés pendant 10 minutes, on devrait ensuite passer 10 minutes à contempler le support de méditation. En son temps, le moment viendra où la forme deviendra claire.

117

Au cours de la nuit, l'atmosphère s'apaise : les oiseaux, les animaux et les gens du monde sont plongés dans le sommeil. C'est le moment de la journée où l'esprit est le moins assailli par des flots de pensées liées au monde. Dans les dernières heures de la nuit, les fleurs s'épanouissent, car l'atmosphère est alors empreinte d'une énergie spéciale. Si l'on pratique la méditation dans ces moments-là, l'esprit va, sans difficulté, pouvoir se focaliser et s'absorber dans la méditation pendant longtemps. La nuit est le moment où les yogis demeurent éveillés.

LE MANTRA

118

Si les mantras n'ont pas de pouvoir, alors les mots n'en ont pas non plus. Si l'on dit à quelqu'un “sors d'ici” d'un ton coléreux, l'effet ne sera pas du tout le même que si on lui demande aimablement “veuillez sortir s'il vous plaît”. Est-ce que la réaction créée chez celui qui écoute ne sera pas différente ?

119

Le mantra sert à purifier l'esprit, non à satisfaire Dieu ; car, pour Lui, à quoi bon un mantra ?...

120

Ne créez pas de confusion dans votre intellect en essayant de réfléchir au sens du mantra ; réciter le mantra suffit. Si vous êtes venu à l'Ashram en bus, en voiture, en bateau ou en train, allez-vous perdre votre temps à vous poser des questions sur le véhicule ? Il suffit de devenir conscient du but.

121

Il existe divers types d'initiation (dîksha) : par le regard, le toucher, la pensée, le mantra, etc... Il n'y a pas de mal à donner le mantra par écrit. Une fois qu'un mantra est transmis lors de l'initiation, tout le fardeau du disciple passe sur les épaules du Gourou. L'enseignement (oupadesha) du mantra doit être transmis par un Maître Réalisé (Sadgourou). Si le Maître n'est pas un Sadgourou, cela revient à se servir d'un filtre sale pour purifier de l'eau ; l'eau deviendra encore plus impure.

122

Mes enfants, même si vous êtes déjà dans le bus en ayant acheté le billet, demeurez vigilants. On devrait garder précieusement son ticket. Si le contrôleur passe et que nous ne pouvons lui montrer notre billet, il nous fera descendre. De même, ce n'est pas parce qu'on vous a transmis un mantra qu'il faut croire que ça s'arrête là. Il ne nous mènera au but que si l'on s'en sert convenablement.

JAPA ET BHAJAN

(Récitation du mantra et chant dévotionnel)

123

Mes enfants, il est difficile d'avancer à la rame lorsque l'embarcation est prise dans les plantes aquatiques qui encombrent la surface de l'eau. Si on les enlève, le bateau va pouvoir avancer bien plus facilement. De même, si on élimine les impuretés du mental grâce au japa, la méditation sera facilitée.

124

Pratiquer continuellement le japa sans shraddha (attention) est aussi préjudiciable que la pratique incorrecte du prânayâma. Pendant le japa, essayez d'écarter au maximum les autres pensées. On devrait prendre soin de fixer l'esprit soit sur la forme choisie pour la méditation, soit sur les lettres du mantra.

125

Mes enfants, répétez sans cesse votre mantra. L'esprit devrait s'entraîner à pratiquer le japa sans interruption. Ainsi, le japa se poursuivra spontanément quel que soit le travail que l'on accomplit. Partout où elle va, l'araignée continue de tisser sa toile. De même, au cours de chacune de nos actions, la récitation du mantra (japa) doit continuer mentalement.

126

Durant la méditation, si la forme disparaît, imaginez-la de nouveau. Imaginez également que vous êtes en train d'enrouler puis de dérouler des pieds à la tête le collier du japa autour du corps de votre Divinité Bien-Aimée. Ceci vous aidera à mieux fixer l'esprit sur Elle.

127

Peu importe la dose de nourriture et de caresses que l'on donne à un chat, dès qu'on a le dos tourné, il en profite pour chaparder. L'esprit fait de même. Pour le dompter et le concentrer, répétez constamment le mantra en marchant, en travaillant, en étant assis ou debout, etc... Le mantra devrait s'écouler comme un filet d'huile versé d'un récipient dans un autre.

128

Au début de la sâdhana, tout en contemplant une forme, la récitation du mantra (japa) sera nécessaire. Ne vous inquiétez pas si la forme n'apparaît pas clairement ; il suffit de pratiquer sans cesse le japa. Au fur et à mesure que la sâdhana progressera, l'esprit va se fixer sur la forme et le processus du japa se ralentira de lui-même.

129

Dans le Kaliyuga (L'Âge sombre du matérialisme), les bhajans (chants dévotionnels) et le japa sont efficaces. L'argent que l'on gagnait autrefois en vendant 1000 arpents de terrain, peut se gagner de nos jours en ne vendant qu'un seul arpent. Telle est la particularité du Kaliyuga. Si l'on parvient à obtenir ne serait-ce que cinq minutes de concentration, cela sera d'un grand profit.

130

Mes enfants, il n'est pas nécessaire de réciter ou chanter les différents Sahasranâmas (litanies des Mille Noms de Dieu). Un seul Sahasranâma suffit. Tout est contenu en chacun d'eux.

131

À la tombée de la nuit, l'atmosphère est remplie de vibrations impures. Ce moment de fusion entre le jour et la nuit sera le plus propice à la méditation pour le sâdhak, car un bon niveau de concentration peut alors être atteint. Si l'on ne fait pas sa sâdhana, encore plus de pensées liées au monde vont émerger dans l'esprit. Voilà pourquoi l'on devrait chanter les bhajans à haute voix au crépuscule. Cela contribuera également à purifier l'atmosphère.

132

Mes enfants, à la tombée de la nuit, on devrait chanter les bhajans assis face à une lampe à huile allumée. La fumée produite par la mèche qui se consume dans l'huile est un parfait remède (siddha aoushada). Nous inhalons la fumée, et l'atmosphère s'en trouve elle aussi purifiée.

133

Comme l'atmosphère, dans le Kaliyuga, est imprégnée de bruits de toutes sortes, les bhajans seront préférables à la méditation pour atteindre la concentration. Car la pratique de la méditation requiert un environnement paisible et calme. Aussi vaut-il mieux chanter des bhajans pour acquérir la concentration : en les chantant à voix haute, les autres bruits distrayants seront couverts, et on pourra obtenir la concentration. Ensuite viendra la méditation. Bhajans, concentration, méditation, la progression se fait dans cet ordre. Mes enfants, le souvenir ininterrompu de Dieu, telle est la méditation.

134

Si l'on chante des bhajans sans concentration, cela revient à un gaspillage d'énergie. Si on les chante en étant bien concentrés, ils seront profitables non seulement au chanteur et à l'auditeur, mais aussi à la Nature. Ces chants aident, le moment venu, l'esprit des auditeurs à s'éveiller.

135

Mes enfants, dès que votre mental s'agite, répétez votre mantra, sinon l'agitation ne fera que croître. Quand l'esprit n'est pas en paix, il se tourne vers les objets extérieurs. Comme ces objets ne parviennent pas à le combler, il va chercher quelque chose d'autre. Nul objet extérieur ne peut nous apporter la tranquillité. Seuls le souvenir de Dieu et la répétition du mantra peuvent ramener l'esprit à la quiétude. Lire des livres de spiritualité est aussi une bonne chose.

136

Les enfants apprennent à compter avec un boulier. Grâce à cette méthode, ils apprennent rapidement. De même, pour maintenir le mental sous contrôle, il est bon d'utiliser un mâla (sorte de chapelet). Par la suite, on pourra répéter son mantra sans avoir recours au mâla. Si vous pratiquez continuellement le japa (répétition du mantra), ce processus fera si intimement partie de vous que même pendant votre sommeil il se poursuivra à votre insu.

L'OBSERVANCE DES VŒUX

137

Mes enfants, si le rivage est là, c'est pour contenir les vagues de la mer. Dans la vie spirituelle, l'observance des vœux permet la maîtrise des vagues du mental.

138

En certains jours du mois (onzième jour de la lune croissante, jour de la pleine lune, etc...), l'atmosphère est complètement impure. Ces jours-là, il est bon d'observer un vœu de silence et de ne manger que des fruits. Comme les fruits sont recouverts d'une peau, les impuretés atmosphériques ne les affecteront pas en profondeur. Ces moments sont également propices à la sâdhana. Quelles que soient les pensées que nous aurons, spirituelles ou séculières, on pourra atteindre une concentration plus grande ces jours-là.

139

Il sera bénéfique au chercheur spirituel de purger son système digestif au moins deux fois par mois. Une fois par semaine, observant un vœu de silence et ne mangeant que des fruits, consacrez toute une journée à la méditation (dhyâna) et au japa. Cela sera profitable à la fois au corps et à la sâdhana.

140

Le chercheur qui pratique régulièrement une sâdhana pourra mieux préparer son esprit et son corps à la méditation s'il observe un jeûne, etc... Ceux qui méditent et font un autre travail par ailleurs ne devraient pas jeûner, mais prendre la quantité de nourriture nécessaire ; les fruits sont très conseillés.

141

Se mettre à bavarder juste après la méditation équivaut à dépenser tout l'argent durement gagné pour acheter des cacahuètes : la puissance acquise grâce à la méditation sera complètement épuisée.

142

L'aspirant spirituel doit faire attention à chacune des paroles qu'il prononce. Il devrait être économe de sa parole et ne parler qu'à voix basse, obligeant son interlocuteur à maintenir très vigilants son esprit et ses sens pour l'entendre.

143

Toute personne malade désirant guérir doit observer certaines règles et restrictions. De même, le chercheur devrait suivre certaines règles jusqu'à ce qu'il parvienne au but : ne parler qu'un minimum, faire vœu de silence, garder la maîtrise sur sa façon de se nourrir, etc…

144

Observer des vœux n'est pas faire preuve de faiblesse. Pour construire une barque, on ne va utiliser que des planches suffisamment souples pour être pliées. Leur flexibilité s'obtient en les soumettant à la chaleur. De même, grâce à l'observance d'une discipline spirituelle, on peut parvenir à la maîtrise de l'esprit. Si on ne dompte pas l'esprit, le corps ne pourra être maîtrisé.

PATIENCE ET DISCIPLINE

145

Mes enfants, la vie spirituelle n'est possible que pour celui qui a de la patience.

146

Il n'est pas possible d'évaluer la croissance spirituelle de quelqu'un en observant ses actions extérieures. Dans une certaine mesure, l'on peut juger des progrès spirituels en observant ses réactions lors de circonstances défavorables.

147

Comment une personne qui se met en colère pour une bagatelle pourrait-elle guider le monde ? Mes enfants, seule une personne douée de patience est capable de guider les gens. L'égo devrait être complètement enlevé. Peu importe le nombre de gens qui s'assoient sur une chaise, celle-ci ne se plaint jamais. De même, quel que soit le nombre de gens qui se mettent en colère contre nous, nous devrions faire croître en nous la force de les supporter et de leur pardonner. Sinon, notre pratique de la sâdhana est vaine.

148

La colère fait perdre une grande partie de la force acquise par la sâdhana. Lorsqu'un véhicule est lancé sur la route, il n'a besoin que d'assez peu d'énergie ; mais pour l'arrêter et le faire repartir, il faudra plus de carburant. De même, si l'on se met en colère, la force va se dissiper par tous les pores de la peau.

149

Si l'on appuie 10 ou 20 fois sur le poussoir d'un briquet, on va gaspiller du gaz. On le sait bien, même si on ne le voit pas. De même, il existe bien des manières de gaspiller l'énergie accumulée grâce aux bonnes pensées. Par exemple, si l'on se met en colère, tout ce que l'on aura acquis par la sâdhana va être perdu. Lorsque l'on parle, l'énergie n'est dépensée que par la bouche, mais si l'on se met en colère, l'énergie va se disséminer aussi bien par les yeux et les oreilles que par tous les pores de la peau.

150

Mes enfants, s'en tenir à un emploi du temps rigoureux est une nécessité pour l'aspirant spirituel. Cet emploi du temps devrait comporter une séance quotidienne de japa et de méditation, pratiquée à heures fixes et pendant une durée bien déterminée. On devrait prendre l'habitude de méditer chaque jour à une certaine heure. Cette habitude nous servira de guide.

151

Ceux qui pratiquent régulièrement leur sâdhana pourront sans peine s'y conformer automatiquement. Quelqu'un qui, en grandissant, a pris l'habitude de boire du thé à une heure bien précise chaque jour, ressentira le besoin d'en boire à l'heure dite ; sinon il va s'agiter et courir en tous sens pour en trouver.

L'HUMILITÉ

152

Lors d'un cyclone, d'immenses arbres peuvent être déracinés et d'énormes bâtiments s'effondrer, mais quelle que soit la puissance du cyclone, l'herbe sera épargnée. Telle est la grandeur de l'humilité.

153

S'incliner devant autrui n'est pas une faiblesse. On devrait ressentir toute la grandeur qu'il y a à s'incliner même devant un brin d'herbe. Si quelqu'un décide de prendre un bain mais ne se sent pas prêt à s'incliner devant la rivière, son corps restera sale. Le sâdhak qui déclare ne pas vouloir s'incliner devant autrui ne permet pas à son ignorance d'être détruite.

154

Aveuglé par son égocentrisme, l'homme prétend pouvoir réduire le monde en cendres par le simple fait d'appuyer sur un bouton. Mais pour ce faire, la main doit pouvoir bouger. Il ne pense pas à la Force qui se cache derrière ce mouvement.

155

L'homme affirme avoir conquis le monde, alors qu'il n'a pas même la faculté de pouvoir compter les grains de sable sous ses pieds. Et c'est un tel être insignifiant qui prétend avoir conquis le monde !

156

Imaginez qu'un homme se mette en colère sans raison contre vous. Même dans ces moments, le sâdhak sera prêt à s'incliner devant lui, conscient qu'il s'agit d'un jeu de Dieu pour le tester. Ce n'est que dans de telles circonstances que l'on peut dire que les bienfaits de la méditation ont été profitables.

157

Mes enfants, alors même qu'un homme est en train de couper un arbre à la racine, l'arbre n'en continue pas moins à lui prodiguer son ombre. Tel devrait être le chercheur spirituel : seul celui qui est capable de prier pour le bien de ceux qui le tourmentent peut devenir un être spirituel.

ÉGOïSME ET DÉSIR

158

Mes enfants, l'égo naît du désir et de l'intérêt personnel ; il n'existe pas naturellement, il est créé.

159

Imaginez qu'on soit en train de quêter de l'argent. On espère obtenir 200 roupies, mais on n'en reçoit que 50. La colère nous monte au nez, on s'en prend à l'homme qui a donné si peu et on se met à le battre. Un procès s'ensuit. La colère n'est-elle pas née de la frustration qu'on a éprouvée parce qu'on s'est vu refuser la somme convoitée ? Faut-il alors s'en prendre à Dieu lorsque le jugement est rendu et la sentence prononcée ? À cause de l'attente émerge la colère ; à cause du désir, le chagrin s'ensuit. Telles sont les conséquences de courir après ses désirs.

160

Le vent de la Grâce Divine ne peut nous élever si l'on transporte avec soi le poids des désirs et de l'égo ; il nous faut alléger ce fardeau.

161

Les arbres qui perdent toutes leurs feuilles ont de nombreuses fleurs, alors que les autres n'en ont que quelques-unes. Mes enfants, lorsque vous vous serez complètement libérés des tendances négatives comme la jalousie, l'orgueil, l'égoïsme, etc., vous obtiendrez la vision de Dieu.

162

Un sâdhak ne devrait pas avoir la moindre trace d'égoïsme en lui. L'égoïsme est semblable aux insectes qui sucent le pollen des fleurs. Si on les laisse se développer, ils finissent par infester les fruits. De tels fruits ne sont alors plus bons à la consommation. De même si vous permettez à l'égoïsme de grandir, il va ronger toutes vos bonnes qualités.

163

Mes enfants, il y a une grande différence entre les désirs d'un sâdhak et ceux d'un homme attaché au monde. Chez ce dernier, les désirs déferlent par vagues successives, créant des perturbations sans fin. Le chercheur spirituel, lui, n'a qu'un seul désir ; une fois celui-ci satisfait, aucun désir ne subsiste plus en lui. *[N.B. Réponse d'Amma adressée à ses disciples monastiques. N.d.T.]*

164

L'égoïsme du chercheur spirituel peut être un bien pour le monde. Il était une fois deux garçons qui reçurent chacun une graine, d'un moine errant qui passait par leur village. Le premier garçon fit griller la graine et la mangea, afin d'apaiser sa faim. Il était attaché au monde. Le second la sema et, quelque temps plus tard, fit une bonne récolte de nouvelles graines qu'il distribua autour de lui. Mes enfants, même si ces deux garçons ont fait preuve d'égoïsme en voulant obtenir la graine, celui du second a été pour le bien du plus grand nombre.

165

Il n'y a qu'un *Âtman* (Soi ou Âme universelle). Il est omniprésent ; il pénètre tout. En élargissant notre esprit, nous pouvons nous fondre en Lui. Alors, égoïsme et égo disparaissent. Tout devient équivalent. Mes enfants, sans perdre un seul instant, servez autrui, portez secours aux indigents. Sans rien attendre des autres, servez-les.

166

Un petit égoïsme peut aider à se débarrasser d'un plus gros. La simple inscription ‘Défense d'afficher’ permet que l'ensemble du mur ne soit pas encombré d'affiches. Vouloir Dieu égoïstement pour soi est comparable à cela.

LA NOURRITURE

167

Cesse de goûter avec la langue, et tu connaîtras le goût du coeur.

168

On ne peut dire avec certitude: "Il faut manger ceci, et ne pas manger cela". En fonction des conditions climatiques, les effets d'un même régime peuvent varier. Les aliments qu'il faut éviter de prendre ici peuvent avoir leur utilité dans les Himalayas.

169

Il est bon de se recueillir juste avant le repas en priant Dieu. C'est pourquoi l'on chante ou l'on récite un mantra avant de manger. C'est lorsque la nourriture est servie devant nous qu'on peut le mieux apprécier la qualité de notre patience.

170

Un ascète n'a pas besoin de se mettre en quête de sa nourriture ici ou là. L'araignée tisse sa toile tout en restant au même endroit. Elle ne va nulle part pour chercher sa nourriture : les insectes viennent eux-mêmes se prendre dans sa toile. Tout comme cela, Dieu pourvoira aux besoins alimentaires d'un ascète, mais à la condition que celui-ci soit capable d'un abandon total et d'une confiance absolue en Dieu.

171

L'alimentation a une grande influence sur le caractère. Une nourriture qui n'est pas fraîche augmentera notre léthargie (tamas).

172

Dans les premiers stades, le sâdhak doit faire attention à ce qu'il mange ; s'il ne veille pas à son alimentation, cela pourra faire naître de mauvaises tendances en lui. Une fois les graines semées, il faut veiller à ce que les corbeaux ne viennent pas les picorer ; mais lorsque l'arbre s'est pleinement développé, tout oiseau peut s'y poser et y construire son nid. Dès maintenant vous devez veiller à votre alimentation et faire votre sâdhana. Seul celui qui a atteint un stade plus évolué pourra manger de la nourriture épicée ou de la viande sans en être affecté. Mes enfants, ce n'est pas parce qu'Amma vous dit que plus tard vous pourrez manger n'importe quel aliment qu'il vous faudra pour autant faire ainsi. Même alors, vous devrez donner l'exemple au monde ; c'est en vous observant que les autres apprendront. Ne consommez pas de produits épicés ou aigres en face de quelqu'un qui a la jaunisse. Même si l'on n'est pas atteint soi-même par cette maladie, on doit se contrôler pour rendre les autres meilleurs.

173

On dit qu'il est facile d'arrêter de boire du thé ou de cesser de fumer, et pourtant, on n'y arrive pas. Comment celui qui ne peut être maître de ces petites choses pourrait-il contrôler son esprit ? Il faut d'abord commencer par se débarrasser de celles-ci. Celui qui n'est pas capable d'enjamber un ruisseau pourra-t-il jamais traverser l'océan ?

174

Au début, le chercheur (sâdhak) ne devrait rien manger de ce que l'on peut trouver dans les magasins. Pour faire du thé par exemple, le vendeur, en prenant chaque ingrédient, n'aura qu'une pensée en tête : faire le maximum de bénéfice. Il se dira : "Faut-il ajouter autant de lait ? Ne pourrait-on pas mettre moins de sucre ?" Il ne pensera qu'à réduire les quantités pour gagner davantage. La vibration de ces pensées influencera le sâdhak.

Il était une fois un renonçant (sannyâsi) qui ne lisait jamais les journaux. Un jour, il ressentit soudain l'intense désir d'en lire un, jusqu'à en rêver la nuit. Après une petite enquête, on s'aperçut que celui qui cuisinait pour lui lisait le journal tout en préparant le repas. Son attention était centrée non sur la cuisson des aliments, mais sur les nouvelles. Le déferlement de ses pensées avait influencé le sannyâsi.

175

Ne mangez pas au point de vous étouffer : les aliments solides devraient occuper la moitié de l'estomac, l'eau un quart, et le dernier quart devrait être réservé aux mouvements de l'air. Moins on prend de nourriture, mieux on peut contrôler le mental. Evitez de dormir ou de méditer juste après le repas, sinon la digestion ne se fera pas convenablement.

176

L'amour de Dieu a sur l'appétit le même effet que la fièvre : le patient qui a la fièvre n'est pas attiré par la nourriture. Même les mets sucrés lui semblent amers. Une fois que l'amour de Dieu est en nous, l'appétit décroît spontanément.

LA CHASTETÉ

(Brahmacharya)

177

Mes enfants, les nourritures épicées ou aigres sont nuisibles à ceux qui veulent rester chastes. Il ne faut pas non plus manger trop salé. Le sucré est, jusqu'à un certain point, sans effet nocif. On ne doit consommer ni yaourt ni fromage blanc le soir. Le lait doit être absorbé en quantités modérées et mélangé à une égale quantité d'eau avant d'être bouilli.

178

Il est préférable de ne pas manger souvent de mets raffinés. Le désir pour ce genre de plats augmente aussi les tentations du corps. Mieux vaut ne pas prendre de nourriture le matin, et ne manger que peu le soir.

179

Ne vous tourmentez pas si vous avez des émissions nocturnes. Avez-vous observé comment on brûle la bouse de vache et on la mélange avec de l'eau pour fabriquer de la cendre sacrée ? Dans un récipient, on place une mèche de coton dont une extrémité pend au dehors. Ainsi l'excédent d'eau peut suinter par la mèche sans que l'essence ne se perde. La cendre sacrée ne précipite que lorsque l'eau a été éliminée. Mais il faut bien prendre soin que les émissions ne se produisent pas lorsqu'on rêve.

180

Mes enfants, quand vous sentez que l'émission est proche, levez-vous immédiatement et méditez ou bien répétez votre mantra. Le lendemain, que l'émission se soit ou non produite, vous devriez jeûner. Prendre un bain dans une rivière ou en mer est une bonne chose pour ceux qui se sont voués au célibat (brahmacharya).

181

En certains mois et certains jours l'atmosphère est complètement impure (en particulier de la mi-juillet à la mi-août). En ces moments-là, même si l'on demeure vigilant, une émission peut se produire.

182

Grâce à l'énergie produite par la concentration de l'esprit, la puissance résultant du brahmacharya est transformée en force vitale sublimée (ojas). Que celui qui vit dans le monde et observe le célibat fasse une sâdhana, sinon son énergie sexuelle ne sera pas sublimée.

LE SÂDHAK ET LA SÂDHANA

(Le chercheur et son travail spirituel)

183

Mes enfants, notre attitude envers les objets de cette création devrait être libre de toute attente. La sâdhana est utile à cet égard.

184

Il n'existe pas de raccourci pour obtenir la vision de Dieu. Bien que le sucre candi ait un goût agréable, personne ne va l'avaler d'un coup, pour ne pas s'irriter la gorge. On doit d'abord le laisser se dissoudre doucement. De même, l'on devrait pratiquer sa sâdhana avec patience et régularité.

185

Réciter le Nom de Dieu ou méditer ne sert à rien sans amour pour Lui ; mais ceux qui estiment qu'ils doivent attendre que cet amour se développe avant de commencer une sâdhana sont des paresseux ; autant attendre l'arrêt des vagues de l'océan avant de se décider à aller se baigner.

186

Grâce à la sâdhana, on accumule de l'énergie (shakti) et le corps se libère des maladies. On devient alors capable d'agir en toute occasion sans jamais s'effondrer.

187

Dans la sâdhana, le Divin nous amène au seuil de la réalisation. Pour venir à l'Ashram, on prend un bus jusqu'au village, et il est facile ensuite de faire le dernier kilomètre à pied. De même, le Divin nous mène à la porte de la félicité éternelle (*Akhanda satchidânanda* ou état d'Être-Conscience-Béatitude indivis, non divisé).

188

Mes enfants, avant de vouloir enseigner au monde, il faut d'abord acquérir la force de le faire. Ceux qui s'apprêtent à partir pour l'Himalaya emportent avec eux des vêtements en laine pour se protéger du froid. De même, avant de retourner dans le monde, on devra affermir son esprit afin de ne pas être troublé par l'adversité. Cela n'est possible qu'en suivant une sâdhana.

189

Le véritable *satsang* (fréquentation des sages) consiste en l'union du soi individuel et du Soi suprême.

190

Si quelqu'un désire des dattes, il va grimper à un arbre pour en cueillir, même si celui-ci est envahi par les guêpes. De même, celui qui aura conscience du but (lakshya bôdha) saura surmonter toutes les difficultés.

191

Au début, il est bon pour le sâdhak d'accomplir un pèlerinage. Toutes les épreuves qu'il va rencontrer durant le voyage l'aideront à comprendre la nature du monde. Tandis que celui qui n'aura pas acquis de force par la pratique d'une sâdhana va s'effondrer lorsqu'il sera confronté aux multiples facettes du monde. Par conséquent, ce qui compte, c'est de faire, sans perdre de temps, une sâdhana continue lorsqu'on séjourne quelque part.

192

Ce qui est demandé en premier lieu au sâdhak, c'est la perfection de la position assise (âsana). Ce n'est pas toujours facile à réaliser. Chaque jour, asseyez-vous et gardez la posture 5 minutes de plus que la veille. Il vous sera ainsi progressivement possible de maintenir la posture deux ou trois heures d'affilée. Si vous cultivez cette patience, le reste suivra spontanément. Lorsque vous marchez, lorsque vous êtes assis, ou pendant vos ablutions, imaginez que votre Divinité Bien-Aimée (Ishta Dévatâ) marche à vos côtés, vous sourit, etc... Imaginez qu'Elle se tient dans le ciel et implorez-La.

193

Mes enfants, verser des larmes pour Dieu pendant quelques minutes équivaut à une heure de méditation. En pleurant, l'esprit va s'absorber sans peine dans le souvenir de Dieu. Si vous ne parvenez pas à pleurer, alors priez ainsi : "Mon Dieu, pourquoi suis-je incapable de pleurer pour Toi ?"

194

Un aspirant spirituel ne devrait pas verser de larmes à propos des choses éphémères de ce monde. Il devrait n'en verser que pour Dieu. Un aspirant spirituel ne devrait jamais faiblir. C'est à lui de prendre sur ses épaules le fardeau du monde.

195

Nous pouvons nous exprimer de trois manières : par les mots, les larmes et le rire. Mes enfants, c'est seulement lorsque nos impuretés mentales sont lavées par les larmes que nous pouvons sourire le coeur grand ouvert. Alors peut poindre l'aube du bonheur véritable.

196

La sâdhana est importante. Même si la graine contient la plante, il faudra la cultiver de façon appropriée et lui donner de l'engrais pour qu'elle porte des fruits. De même, si la Vérité suprême demeure bien dans tous les êtres vivants, seule une sâdhana pourra la faire resplendir.

197

Une plante mise en terre dont on ne s'occupe pas correctement va se dessécher. Il est nécessaire de lui donner les soins appropriés. Alors, même si l'on sectionne le sommet de la plante, celle-ci ne dépérira pas ; de nombreuses branches nouvelles vont pousser. Quelle que soit la rigueur des règlements, au début le sâdhak devra s'y conformer. C'est seulement ainsi qu'il pourra grandir.

198

Il est bon pour un chercheur spirituel de visiter les bidonvilles, les hôpitaux, etc., au moins une fois par mois. Ces visites l'aideront à comprendre la nature de la souffrance de la vie, renforceront son esprit, et le rendront compatissant.

199

Pour préparer du lait caillé, il faut laisser reposer le lait. Alors seulement il pourra se transformer en lait caillé. Dans les premiers stades de la sâdhana, la solitude est nécessaire.

200

Une fois les graines semées, il faut veiller à ce que les poules ne viennent pas les picorer. Mais dès qu'elles auront germé, il n'y aura plus de problème. Au début un chercheur ne devrait s'attacher à personne. Ceux qui ont une vie de famille devraient être particulièrement attentifs à cet égard. Ne perdez pas de temps à bavarder avec les voisins. Chaque fois que vous disposez de temps, asseyez-vous seuls, récitez votre mantra, chantez des bhajans ou méditez.

201

En eaux profondes, il n'y a plus de vagues. Par contre, près des côtes, dans les zones peu profondes, on trouve beaucoup de vagues. Ceux qui ont atteint la perfection sont calmes et paisibles, tandis que ceux qui n'ont que peu de connaissance, n'ayant lu que deux ou trois ouvrages par ci ou par là, vont être cause de problèmes.

202

Les vagues de la mer ne peuvent être supprimées ; de même, les pensées ne peuvent être éliminées de l'esprit. Une fois que l'esprit s'est approfondi et élargi, les vagues de pensées s'apaisent naturellement.

203

Mes enfants, le réel et l'irréel sont tous deux contenus dans la graine. Quand on met celle-ci en terre, l'enveloppe va s'ouvrir et s'unir à la terre. L'essence de la graine pourra alors germer et croître. De même, le réel et l'irréel se trouvent l'un et l'autre en nous. Si l'on s'en tient au réel, rien ne pourra nous troubler et notre champ de conscience s'élargira. Si nous nous appuyons sur l'irréel, nous ne pourrons grandir.

204

Celui qui connaît la Réalité est riche du monde entier. Il ne peut y voir autre chose que lui-même.

205

C'est par nos actions que se révèle notre valeur. Quelqu'un aura beau être bien éduqué et avoir un bon travail, s'il vole, personne ne le respectera. Les progrès d'un sâdhak peuvent être évalués à partir de ses actions.

206

En toutes circonstances, qu'il soit debout, assis ou couché, le sâdhak devrait demeurer parfaitement immobile, sans faire de mouvements superflus avec les mains, les jambes ou le corps. Pour cela il suffit d'imaginer que le corps est mort. Avec la pratique, à la longue ça devient une habitude. N'avez-vous jamais vu soldats et policiers se tenir debout tels des statues, sous la pluie comme sous un soleil de plomb ?

207

Celui qui veut atteindre le large dans une embarcation doit ramer vigoureusement, les yeux fermés. Sur la plage, les gens lui font de grands signes de bras et poussent des cris pour l'encourager. Mais le rameur n'y prête aucune attention. Son unique pensée est de faire passer le bateau au-delà de la barre. Ensuite, il sait qu'il n'y aura plus rien à craindre. Il pourra même se reposer quelques minutes si nécessaire. De même, vous aussi êtes au milieu des flots et essayez de passer la barre. Sans vous laisser distraire par quoi que ce soit, avancez avec vigilance ; gardez les yeux fixés sur le but et vous arriverez à destination.

208

Un chercheur spirituel devrait être très prudent vis-à-vis de l'autre sexe. Tout comme dans un tourbillon, on ne s'aperçoit du danger qu'après avoir été emporté puis s'être écrasé au sol.

209

Mes enfants, même si l'eau est incolore, un lac ou un étang vont prendre la couleur du ciel. De même, c'est à cause de nos mauvais penchants que nous voyons des défauts chez les autres. Essayez de ne voir que le bon côté en toute chose.

210

Il n'est pas bon qu'un sâdhak prenne part à des mariages ou des enterrements. Dans le premier cas, tout le monde, du plus jeune au plus vieux aura les pensées fixées sur le mariage. Dans le second, on va se lamenter à propos de la disparition d'un être qui de toute façon était mortel. Dans les deux cas, les vagues des pensées générées vont créer des obstacles au chercheur : ces vibrations vont pénétrer son subconscient et le troubler en lui faisant désirer ce qui n'est pas réel (*mithya*).

211

Un être spirituel devrait être semblable au vent. Le vent souffle aussi bien sur des fleurs odorantes que sur de nauséabonds excréments ; il n'a pas de préjugés. De même, le sâdhak ne doit ni s'attacher à ceux qui lui manifestent de l'affection, ni ressentir d'aversion envers ceux qui l'insultent. Pour lui, tout le monde est pareil. Il devrait voir Dieu en chacun.

212

Les fruits qui mûrissent de l'extérieur vont rapidement pourrir. Mais il n'en va pas de même pour ceux qui mûrissent de l'intérieur. Aussi l'introversion est-elle une nécessité. Quand on la pratique, on peut jouir d'un bonheur intérieur qui ne dépend de rien. Les problèmes n'apparaissent que lorsqu'on s'en remet à des objets extérieurs.

213

Il n'est pas recommandé de dormir pendant la journée : au moment du réveil, on se sentira épuisé. Alors que si l'on se réveille le matin après une bonne nuit de sommeil, on se sent plein d'énergie. Cela vient de ce que l'atmosphère est remplie de pensées impures pendant la journée, alors qu'elle est bien moins polluée la nuit. Voilà pourquoi les sâdhaks méditent pendant la nuit. Cinq heures de méditation nocturne valent dix heures de méditation diurne.

214

Mes enfants, quelles que soient les plaintes que vous puissiez avoir, observez la Nature et imaginez votre Divinité Bien-Aimée (Ishta Dévatâ) dans les arbres, les montagnes, dans ce qui vous entoure. Entretenez-vous avec ces objets. Imaginez aussi que votre Divinité Bien-Aimée se tient là devant vous dans le ciel, et invoquez-la. À quoi bon raconter vos chagrins aux autres ?

215

Si nous sommes près de quelqu'un qui parle, sa conversation va créer une aura particulière qui nous enveloppera. En compagnie d'une personne de mauvaise vie, les pensées impures s'accroîtront en nous. C'est pourquoi l'on dit que la fréquentation de sages ou de saints (*satsang*) est nécessaire.

216

Quand un sculpteur regarde un morceau de bois ou une pierre, il ne voit que la sculpture qu'il pourra en faire émerger, là où d'autres ne verront qu'un simple morceau de bois ou une pierre. Le chercheur doit faire preuve de discernement entre ce qui est éternel et ce qui est éphémère. Aussi devrait-il rester vigilant et ne se consacrer qu'à ce qui est éternel. Dieu est éternel. Les choses de ce monde ne le sont pas.

217

Mes enfants, nous ne sommes pas troublés par la nudité d'un enfant. Considérez chacun avec la même attitude mentale. Tout dépend de l'esprit.

218

Au début, le sâdhak se devra d'être prudent et rigoureux. Les moments les plus propices pour méditer sont le matin jusqu'à onze heures et le soir après cinq heures. Immédiatement après la méditation, l'on devrait s'allonger sur le dos en shavâsana (posture du cadavre) pendant dix bonnes minutes au moins avant de se relever. Même si la méditation ne dure qu'une heure, on devrait rester au minimum une demi-heure en silence après. Seuls ceux qui procèdent ainsi peuvent pleinement bénéficier de la méditation.

219

Une fois injecté, un remède mettra quelque temps avant de se répandre dans tout le corps. De même, après avoir accompli ses pratiques spirituelles, on devrait rester quelque temps en silence. Si, après avoir médité deux heures, l'on se met à parler de choses éphémères, même cinq années de pratique de la méditation ne seront d'aucune utilité.

220

Si quelqu'un parle de sujets sans intérêt et vous fait perdre votre temps, on devrait pratiquer le japa ou méditer sur la Divinité Bien-Aimée. Imaginez que la personne qui vous parle est elle-même cette Divinité, ou bien dessinez un triangle sur le sol et imaginez que votre Divinité s'y tient. Prenez des cailloux, imaginez que ce sont des fleurs, et offrez-les aux pieds de votre Divinité Bien-Aimée. Il ne faut discuter que de sujets spirituels avec autrui. Ceux qui apprécient la spiritualité resteront tandis que les autres s'en iront rapidement, et ainsi, il n'y aura pas de perte de temps.

221

Mes enfants, le souffle même d'un sâdhak suffit à purifier l'atmosphère ; telle est sa force. Même si cela doit prendre encore quelque temps, il ne fait pas de doute que la science, tôt ou tard, découvrira ces faits. C'est seulement alors que les gens finiront par y croire complètement.

222

Les êtres humains ne sont pas les seuls à avoir la capacité de parler. Les animaux, les oiseaux et les plantes sont aussi doués de ce pouvoir, mais nous n'avons pas la capacité de les comprendre. Seul celui qui a eu la vision de la Lumière du Soi (*Âtma jyoti*) connaît toutes ces choses.

LE CHERCHEUR SPIRITUEL (SÂDHAK), SA FAMILLE, ET SES AMIS

223

Mes enfants, s'il n'y a personne pour s'occuper des parents, cette responsabilité reviendra au fils, même si celui-ci a choisi une voie spirituelle. On doit voir dans ses parents la manifestation du Soi et les servir comme tels.

224

Si les parents cherchent à faire obstable à la vie spirituelle, il n'est pas nécessaire de leur obéir.

225

Y a-t-il une utilité à s'engager dans une voie spirituelle contre l'avis de ses parents ? Imaginez un fils souhaitant étudier la médecine loin de chez ses parents. Si ces derniers s'y opposent et que le fils leur désobéit, une fois qu'il aura terminé ses études et qu'il sera devenu médecin il va pouvoir sauver la vie de milliers de personnes, y compris celle de ses propres parents. Sa désobéissance aura été bénéfique au monde ; il n'y a donc pas de mal à avoir désobéi. S'il avait suivi les ordres de ses parents, il aurait pu s'occuper d'eux, mais non les sauver. Seul le chercheur spirituel a la capacité d'aimer ses parents et le monde d'une manière désintéressée, et de les sauver. Shankaracharya, Ramana Maharshi et d'autres ne sont-ils pas venus secourir leur propre mère ?

226

Une fois que l'on a choisi une voie spirituelle, on devrait abandonner tout attachement à la famille et aux proches, sinon il n'y aura pas de progrès possible. Si un bateau est à l'ancre, on pourra ramer tant que l'on voudra, cela ne le fera pas avancer. Vous avez consacré votre vie à Dieu ; que votre foi ne faiblisse pas : Il veillera sur votre famille.

227

Mes enfants, qui est notre vraie mère, notre vrai père ? Est-ce que ce sont les personnes que nous pouvons voir ? Certainement pas. Ils ne sont que nos père et mère adoptifs. Notre vraie mère ou notre vrai père ne pourra être que celle ou celui qui sera capable de ramener à la vie un homme qui meurt ; c'est Dieu seul. Gardez toujours ceci présent à la mémoire.

228

Les jeunes plantes qui poussent à l'ombre d'un grand arbre peuvent croître sans difficulté pendant quelque temps, mais lorsque l'arbre perd ses feuilles, les choses tournent mal pour elles : elles se dessèchent au soleil. Telle est aussi la condition de celui qui grandit dans l'ombre de ses proches.

À CEUX QUI VIVENT DANS LE MONDE

229

De nos jours, la dévotion et l'amour que l'on a pour Dieu ressemblent beaucoup à l'amour qu'on porte à son voisin : si celui-ci ne nous donne pas ce que nous voulons, nous sommes prêts à nous disputer avec lui. Avec Dieu, nous faisons pareil : bien vite, nous ne pratiquons plus ni japa ni prière.

230

Quelles difficultés ne sommes-nous pas prêts à endurer pour gagner un procès? Pour obtenir un simple ticket de cinéma, combien de coups de pieds ou de coups de coudes ne sommes-nous pas prêts à recevoir dans la queue ? C'est volontiers que nous supportons tout cela pour un peu de bonheur extérieur. Si nous faisions de tels sacrifices pour la vie spirituelle, cela suffirait à nous procurer la félicité éternelle.

231

Prenons l'exemple d'un enfant qui vient de se couper la main. Si nous lui disons : "Tu n'es pas le corps, ni l'esprit, ni l'intellect", il ne comprendra pas et continuera de pleurer. De même, cela ne sert à rien de dire à celui qui mène une vie de famille : "Vous n'êtes pas le corps, vous êtes la Réalité Suprême (Brahman). Le monde est irréel, éphémère (mythia)." Même si cela peut parfois entraîner certains changements, en fait on devrait ne lui parler que de choses qu'il peut pratiquer dans la vie quotidienne.

232

Mes enfants, ceux qui n'apprécient la spiritualité que lorsqu'ils entendent des discours spirituels ne seront pas persévérants, une fois l'inspiration retombée. On peut appuyer autant qu'on veut sur un ressort, dès qu'on le relâche, il revient immédiatement à son état initial.

233

De nos jours, il semble que plus personne n'ait le temps d'aller dans les temples ou les ashrams et de faire une sâdhana; mais si votre enfant est malade, vous êtes prêts à attendre sans dormir un temps indéfini sous l'auvent de l'hôpital. Pour un mètre carré de terrain, nous sommes prêts à passer des journées entières sous l'auvent du tribunal, sous le soleil ou la pluie, sans nous soucier de notre femme ou de notre fille. On trouve du temps pour attendre pendant des heures dans une boutique en vue d'acheter une aiguille qui coûte cinq centimes, mais nous n'avons pas le temps de prier Dieu. Mes enfants, là où il y a de l'amour pour Dieu, le temps se libère automatiquement.

234

Qui peut prétendre ne pas avoir le temps de faire du japa ? Le japa peut être pratiqué en récitant le mantra au rythme du pas quand vous marchez. Ne pouvez-vous le pratiquer également dans l'autobus ? Il suffit d'imaginer la forme de notre divinité bien-aimée dans le ciel, ou bien de fermer les yeux. Si vous pratiquez le japa de cette façon, vous ne perdez pas de temps en laissant l'esprit suivre automatiquement ce qui se passe sur le bord de la route. On peut aussi faire son japa en même temps que les travaux ménagers. Les gens motivés trouvent toujours le temps de tout faire.

235

Dans les cas d'insomnie, on a recours à des pilules. Pour oublier ses chagrins et ses maux, on trouve aisément des substances toxiques comme l'alcool ou la marijuana. Ou bien on va au cinéma. À cause de tous ces expédients, personne ne se met plus en quête de Dieu de nos jours. Mais les gens ne se rendent pas compte que ces substances nocives les détruisent. Si on en consomme, les fluides du cerveau vont être altérés, et c'est ce qui donne une sensation d'ébriété. Si l'on prend régulièrement de ces substances, les nerfs du corps vont commencer à se contracter, par suite d'une déshydratation. Après quelque temps, des tremblements et de la fatigue vont apparaître, et l'on ne sera même plus capable de marcher. Perdant sa vitalité et son ardeur, l'individu va connaître une dégénérescence. Les enfants qui naîtront seront eux aussi affectés par les mêmes maladies.

236

Mes enfants, c'est l'esprit qu'il faut climatiser, et non la pièce. Même avec l'air conditionné chez eux, les gens se suicident parfois. En seraient-ils venus à de telles extrémités si le confort et le luxe avaient pu leur procurer le bonheur ? Le véritable bonheur ne peut provenir de choses extérieures.

237

Quand on donne un os à un chien, il se met à le mordre. Si du sang coule, le chien pense que ce sang provient de l'os ; il ne se rend pas compte qu'en fait ce sont ses propres gencives qui saignent. De même, nous recherchons le bonheur dans les choses extérieures, oubliant que c'est en nous que réside le véritable bonheur.

238

On ne va pas fabriquer une palissade en coupant les branches d'un arbre fruitier qui donne beaucoup de fruits ; seuls des arbres morts vont être utilisés à cette fin. Si l'on comprenait mieux la vraie valeur de la vie, on ne la gaspillerait pas à jouir des choses extérieures.

239

Il n'y a pas de moment plus favorable que d'autres pour que l'homme dans le monde commence à mener une vie spirituelle. Dès qu'il en sent le désir, il devrait s'y mettre. Ce désir n'a nullement besoin d'être créé ; il se produit de lui-même. Lorsqu'un œuf a été couvé, il n'est pas nécessaire de taper dessus pour l'ouvrir ; il s'ouvre de lui-même. Si sa femme et ses enfants peuvent mener une vie confortable, et s'il ressent un esprit de détachement, il peut alors commencer une vie spirituelle. Ensuite, aucune pensée relative à son foyer ne devrait plus lui traverser l'esprit.

240

Jadis, on avait pour habitude d'enseigner aux enfants la différence entre ce qui est permanent et ce qui ne l'est pas. On leur apprenait que le but de la vie est la réalisation de Dieu. Les enfants recevaient une éducation qui leur permettait de se connaître eux-mêmes. De nos jours, les parents encouragent seulement leurs enfants à gagner de l'argent. Le résultat, c'est que le fils n'a pas d'égards pour son père, ni le père pour son fils. Entre eux règnent l'inimitié et les conflits. On n'hésite même plus à tuer autrui pour des raisons d'intérêt.

241

Mes enfants, la réalisation de Dieu n'est pas possible sans sâdhana, mais personne n'est prêt à s'y consacrer de tout son cœur. Dans les usines, les ouvriers des équipes de nuit font leur travail sans dormir. Même s'ils sont fatigués, ils ne peuvent se permettre d'être négligents. S'ils ne font pas attention à ce qu'ils font, ils peuvent perdre une main ou une jambe. Ou ils peuvent aussi perdre leur place. On devrait également cultiver cette sorte de vigilance et de détachement dans la vie spirituelle.

242

Les petits enfants peuvent ressentir du désarroi de voir que le soleil disparaît lorsqu'il se couche. Le matin, lorsqu'il se lève, ils vont se réjouir de son retour. Ils ne savent pas ce qu'est la vérité. De même, nous nous réjouissons et nous affligeons de nos gains et de nos pertes.

243

Observez un homme en train de diriger des canards sur un étang à partir d'une barque minuscule. La barque est si petite qu'il peut à peine étendre les jambes. S'il respire trop fort, l'embarcation risque de chavirer, tant elle est petite. C'est en se tenant debout et en frappant l'eau avec la rame pour faire du bruit que l'homme va guider les canards si ceux-ci s'égarent. Si de l'eau entre dans la barque, il l'écopera avec ses pieds. Il pourra même tenir une petite conversation avec les gens qui se tiennent sur la rive. Par moments, on le verra fumer. Même s'il accomplit toutes ces choses, son esprit reste toujours fixé sur la rame. Si son attention se relâche ne serait-ce qu'un instant, l'embarcation chavirera et il tombera à l'eau. Mes enfants, nous devrions vivre dans le monde d'une façon semblable : notre esprit devrait toujours être centré sur Dieu quelle que soit la tâche que nous accomplissions.

244

Le forain qui danse avec un pot sur la tête est capable de faire tant de prouesses : il va danser, se contorsionner et se rouler par terre sans que jamais le pot ne glisse et tombe. Son esprit sera sans cesse fixé sur le pot. De même, grâce à une pratique régulière, il est possible de garder l'esprit fixé sur Dieu quoi que l'on fasse.

245

Priez Dieu en pleurant dans la solitude. Si quelqu'un se blesse, son esprit est obsédé par sa blessure. De même, nous sommes affectés par *bhâva rôga*, la 'maladie' de la transmigration, c'est-à-dire la naissance, la mort, la renaissance... On devrait faire preuve d'ardeur pour tenter de se guérir de cette maladie ; alors les prières seront sincères. Le cœur fondra d'amour pour Dieu.

246

Brahma, Vishnou et Shiva créent, nourrissent et détruisent respectivement les désirs. L'homme crée et nourrit des désirs mais ne les détruit pas. Mes enfants, la destruction du désir est ce qui est nécessaire.

247

Ceux qui travaillent dans les bureaux et les banques manient des millions, mais ils savent que l'argent ne leur appartient pas. Ils savent aussi que les clients ne sont pas des membres de leur famille. Ils sont sûrs que les démonstrations d'amour de la part d'un client à leur égard est due à l'intérêt ; aussi, que le client leur parle ou non, cela ne peut les troubler. Nous devrions vivre en ayant la même attitude. Si nous comprenons que rien dans le monde n'est apparenté à nous, alors aucun problème n'apparaîtra.

248

S'il y a conscience du but, la concentration vient. On ne peut obtenir des résultats que par la concentration.

249

Le noyau de la mangue est amer. Mais s'il est bien préparé, on peut en tirer beaucoup de substances comestibles. Cela requiert des efforts. La *Shrîmad Bhâgavatam* (livre sacré relatant la vie, les actions et l'enseignement de Krishna) existe pour les chercheurs. Si on le lit avec attention, on y trouvera tous les grands principes. Mais pour ceux dont l'esprit n'est pas pénétrant, ce ne sera qu'une simple histoire. Ce n'est pas une bonne chose de lire la *Bhâgavatam* à haute voix en vue de gagner de l'argent. Mais si un chef de famille n'arrive pas à joindre les deux bouts, alors le lire ainsi pour gagner de l'argent n'est pas condamnable.

250

Si vous voulez vivre confortablement en un endroit quelconque, il vous faudra nettoyer les lieux, brûler les ordures, etc... Ce n'est que dans un environnement propre que vous serez à même de pratiquer le japa et la méditation. Sinon, les émanations nauséabondes des ordures vous troubleront et agiteront votre esprit. Les *homas* et les *yâgas* (sacrifices) ont été conçus pour purifier l'atmosphère. Grâce à cela, nous pouvons avoir de l'air purifié, mais ce n'est pas pour autant que Dieu exige de nous d'en faire.

251

À des fins politiques, personne n'hésite à commettre des meurtres ou à dépenser d'immenses sommes d'argent. Des millions ont été dépensés pour une poignée de pierres provenant de la lune. Mais pour organiser des *homas* et des *yâgas*, il n'y a pas d'argent. Le non-accomplissement de ces sacrifices sacrés peut être accepté, mais les condamner sans même en comprendre les bienfaits est ridicule. C'est de l'ignorance.

252

Mes enfants, la vie dans le monde et la vie spirituelle peuvent être menées de pair. Mais il y a une chose à retenir : il faut être capable d'accomplir les actions sans attachement ni attente. Le chagrin arrive lorsque nous pensons : “J'ai fait ceci ou cela, c'est à moi d'en récolter les fruits.” Ne pensez jamais : “c'est *ma* femme, c'est *mon* enfant, etc.” Si nous pensons que toute chose appartient à Dieu, alors il n'y aura pas d'attachement. Lorsque nous mourrons, femme et enfant ne nous accompagneront pas. Dieu est la seule Vérité.

253

Quelle que soit la fortune que l'on possède, si on n'en comprend pas la juste valeur et l'usage qu'il convient d'en faire, seul du chagrin en résultera. Même si cette fortune est illimitée, le plaisir qui en dérive est seulement temporaire. Elle ne peut pas nous procurer le bonheur éternel. Les rois Kamsa et Hiranyakasipou ne possédaient-ils pas d'immenses richesses ? Bien qu'il ait pu jouir de toutes les possessions, Ravana avait-il obtenu la paix de l'esprit ? Tous ont dévié du chemin de la Vérité et ont vécu dans l'arrogance. Ils ont commis tant d'actes répréhensibles ou défendus. Le résultat fut qu'ils perdirent toute quiétude et toute paix.

254

Mère ne dit pas que l'on devrait rejeter les richesses. Si nous comprenons comment les utiliser à bon escient, le bonheur et la paix deviendront notre lot. Mes enfants, pour ceux qui sont pleinement voués à Dieu, les richesses sont comme du riz dans lequel est tombé du sable.

SE LIBÉRER DU CHAGRIN

255

Le fruit de toute action peut être compensé par une autre action. Si l'on jette une pierre en l'air, ne peut-on l'attraper avant qu'elle ne retombe sur le sol ? De même, la conséquence de toute action peut être altérée dans son cours. Aussi n'y a-t-il nul besoin de s'affliger ou de s'appesantir sur son sort. Un horoscope peut être modifié au gré de la volonté de Dieu. L'on peut trouver une très forte probabilité en vue d'un mariage dans l'horoscope de quelqu'un, mais si celui-ci pratique une sâdhana dès son jeune âge, et fréquente les sages (satsang), cette probabilité peut changer. Même dans la littérature épique, on trouve des exemples qui illustrent ces faits.

256

Celui qui voyage sur une rivière ne se trouble pas l'esprit en se posant des questions sur l'origine de la rivière. Dans le passé, il se peut que nous ayons commis bien des erreurs, mais il ne sert à rien d'y penser et de s'en inquiéter aujourd'hui. Mieux vaut s'efforcer à façonner le futur ; voilà ce qu'il convient de faire.

257

Aussi pourrie que soit une pomme de terre, s'il reste ne serait-ce qu'un petit morceau qui soit encore sain, le germe pourra en sortir et pousser. De même, n'y aurait-il qu'une simple trace de samskâra (d'affinité pour ce qui est spirituel) en nous, nous pourrons croître en nous y accrochant fermement. Ne pensez jamais : “Je suis un pécheur. Je ne suis capable de rien”.

258

De tout temps l'on a cru que le corps était réel. Telle est la cause de notre affliction. Pensons désormais tout autrement : c'est l'Atman (le Soi ou l'Âme) qui est éternel, et qui doit être réalisé. Si cette pensée s'enracine fermement en nous, nos chagrins disparaîtront et seule la béatitude demeurera.

259

Si quelqu'un porte un lourd fardeau, la simple pensée que le lieu où il pourra se reposer n'est plus très loin, suffira à le réconforter, car il sait que son fardeau pourra y être déposé. Par contre, s'il pense que l'aire de repos est loin, le poids du fardeau semblera plus lourd. De même, si nous pensons que Dieu est avec nous, tous nos fardeaux sont allégés. Une fois que nous sommes montés dans un bateau ou un bus, pourquoi devrions-nous continuer à porter nos bagages ?

Posons-les! De la même façon, dédions toute chose à Dieu ; Il nous protègera.

260

Où que nous allions, nous voyons les erreurs et les défauts des autres. Notre esprit va être agité à cause de cela. Cette habitude de voir les choses devrait changer : oublieux des faiblesses d'autrui, on devrait s'attacher à découvrir les qualités qu'ils ont et les respecter. Voilà ce qui nous est demandé. Ne voyez partout et toujours que le bon côté des choses ; alors tout chagrin cessera.

261

Supposons que nous tombions dans un trou. Est-ce que l'on va s'arracher les yeux sous prétexte que ceux-ci nous ont mal guidés ? De même que nous supportons la déficience de nos yeux, nous devrions tolérer les faiblesses des autres et être aimables avec eux.

LES VÂSANAS

(Tendances latentes)

262

Même s'il ne se trouve qu'une fourmi dans un bocal de sucre, il faudra l'enlever. Sinon d'autres fourmis suivront. De même, il suffit d'une simple petite trace d'égoïsme pour que d'autres vâsanas suivent.

263

L'épuisement des vâsanas et la destruction du mental, c'est la même chose. C'est ce qu'on appelle la Libération.

264

En tout âme individuelle (jîva), la première vâsana vient de Dieu. À partir de là commence le karma. Du karma s'ensuivent les naissances successives. La roue continue de tourner de la sorte. Ce n'est que grâce à l'épuisement des vâsanas que l'on peut y échapper. Des activités spirituelles telles que satsang, bhajan, dhyâna, etc., seront utiles pour l'épuisement des vâsanas.

265

Les vâsanas demeureront jusqu'à temps d'atteindre la Libération (Jîvanmukti). Ce n'est que dans cet état de Jîvanmukti que les vâsanas seront complètement éliminées. Avant de l'avoir atteint, nous devrions faire preuve du plus grand discernement, sinon la chute est possible à tout moment. Ceux qui conduisent des véhicules sur des routes à grande circulation doivent faire très attention. Si leurs yeux sont distraits ne serait-ce qu'un court instant, un accident peut survenir. Tandis qu'il n'y a rien à craindre si l'on conduit sur une route tranquille et spacieuse : le conducteur est seul avec son véhicule. Au début du chemin spirituel, tout est dangereux ; la plus grande vigilance devrait être exercée. Dans l'état du Jîvanmukta, seul demeure 'l'Un'. Il n'y a pas de sens de la dualité, et donc pas de danger.

266

Les vâsanas de ceux qui ont atteint l'état du Jîvanmukta ne sont pas vraiment des vâsanas. Leur colère, etc., n'est qu'une attitude. À l'intérieur ils sont sans tache. La chaux vive donne l'impression d'avoir une forme, mais si on la touche, elle se désagrège.

267

Mes enfants, seul le gourou peut faire disparaître complètement nos vâsanas. Pour s'en passer, il faudrait avoir le samskâra dès la naissance. Même si le chacal pense : "désormais je ne hurlerai plus lorsque je verrai un chien", dès qu'il en voit un passer, il se remet à hurler comme de coutume. Il en va de même pour les vâsanas.

268

Il n'est pas facile d'éliminer le flot des pen -sées ; cela ne peut se faire qu'à un stade avancé. En augmentant le nombre de bonnes pensées, les mauvaises peuvent être détruites.

269

Si nous avons de l'eau salée dans un récipient, à force d'y ajouter de l'eau pure elle perdra son goût salé. De même, en cultivant de bonnes pensées, les mauvaises vâsanas peuvent être progressivement éliminées.

LES SIDDHIS

(Pouvoirs psychiques)

270

Mes enfants, le développement des siddhis au-delà d'une certaine limite est contre nature. Si on en fait étalage, d'autres risquent de se laisser séduire par eux. Les êtres réalisés évitent, autant que possible, de montrer leurs pouvoirs. Mais s'ils en font usage, ils ne perdent pas leur énergie. Lorsque la force qu'implique l'accomplissement d'un siddhi est utilisée dans le but de transformer un homme en sannyâsi, cela s'avère bénéfique pour le monde. Par contre, celui qui se laisse fasciner par les siddhis va dévier de son but.

271

Les Mahâtmas (êtres réalisés) ne font pas étalage des siddhis. Ils n'y ont recours que rarement. Dans des circonstances particulières, leurs siddhis vont se manifester spontanément, mais non pour le plaisir de s'exhiber. Ne recherchez pas les siddhis, ils sont impermanents. Les Mahâtmas viennent pour éliminer les désirs, non pour en créer.

LE SAMÂDHI

272

Mes enfants, le *sahaja samâdhi* (établissement naturel dans le Soi) est la Perfection. Celui qui est établi dans cet état voit le Principe divin en toute chose. Partout il ne perçoit que la Pure Conscience, dénuée de toute trace de *mâyâ* (illusion). De même que le sculpteur ne voit dans la pierre que l'image qui peut être ciselée, les Mahâtmas ne voient que le Principe Divin, omniprésent en toute chose.

273

Imaginez qu'il y a une balle en caoutchouc et un anneau en nous. La balle est toujours en train de rebondir ; c'est notre mental, et l'anneau est notre but. Parfois la balle, prise par l'anneau, restera immobile. On peut appeler cela le samâdhi. Mais la balle ne restera pas tout le temps dans l'anneau, elle va rebondir de nouveau comme avant ; jusqu'au moment où elle restera en permanence dans l'anneau, sans jamais plus bouger. On appelle cet état le sahaja samâdhi.

274

En méditant sur une forme, le *savikalpa samâdhi* (perception du Réel tout en maintenant le sens de la dualité) peut être atteint. Quand on voit la forme de la Déité Bien-Aimée, le sens du “je” est présent, il y a donc un sentiment de dualité. Dans la méditation sans forme, comme il n'y a nul sens du “je”, la notion de dualité disparaît complètement. De cette façon est atteint le *nirvikalpa samâdhi*.

275

Dans l'état de nirvikalpa samâdhi, il n'y a plus personne pour dire : “je suis Brahman” ; on est immergé en Lui. Si un homme ordinaire atteint le nirvikalpa samâdhi, il se dépouillera de son corps. Au moment de s'absorber dans l'état de samâdhi, comme aucune pensée d'action à accomplir plus tard ne lui viendra à l'esprit, il entrera vite en samâdhi. Lorsqu'on ouvre une bouteille d'eau gazeuse, le gaz qu'elle contient fait un avec l'air extérieur en émettant un son. De même l'homme peut-il s'unir à Brahman pour toujours. Seules les Incarnations sont aptes à maintenir leur existence, après avoir atteint le nirvikalpa samâdhi. Conscientes du but de leur incarnation et fidèles à leur mission, elles redescendent dans le monde.

276

Mes enfants, pour les Incarnations il n'existe pas de distinction à faire entre nirvikalpa samâdhi ou des états inférieurs ou supérieurs. Les Incarnations n'ont que quelques limites qu'elles ont choisi elles-mêmes de revêtir, afin d'accomplir le but pour lequel elles se sont incarnées.

277

Même après avoir atteint le nirvikalpa samâdhi grâce à une sâdhana, le sâdhak (chercheur) ne sera pas l'égal d'une Incarnation. La différence est semblable à celle qui existe entre un homme qui a visité Bombay et celui qui y a vécu. Si on leur demande s'ils sont déjà allés à Bombay, l'un et l'autre répondront "oui", mais celui qui y demeure en permanence en aura une connaissance bien plus approfondie que l'autre.

278

Que sera le samâdhi ? La béatitude : ni bonheur ni chagrin. Il n'y a ni "je" ni "tu". Cet état peut être comparé au sommeil profond, mais il y a une différence. Dans le samâdhi la conscience est totale. Ce n'est que lorsque l'on s'éveille que "je", "tu" et le monde émergent. Nous leur attribuons une réalité à cause de notre ignorance.

279

Il n'est pas possible de décrire ce qu'est l'état de Brahman. Si Mère vous bat, pourrez-vous lui dire le degré de douleur que vous aurez ressenti ? De même, il n'est pas possible d'exprimer ce qu'est Brahman par des mots.

LA CRÉATION

280

Mes enfants, c'est le Désir Originel qui a engendré le premier mouvement en Brahman. Dès lors apparurent les trois gounas (qualités) : sattva, rajas et tamas. Ces qualités sont représentées par la Trinité Brahma, Vishnou et Maheshvara (Shiva). Toutes trois sont en nous. Ce qui est perçu comme existant dans l'univers, en fait, existe à l'intérieur de nous.

281

Au niveau du relatif, Âtman est à la fois jîvâtma (l'âme individuelle) et Paramâtma (l'Âme Suprême). C'est l'âme individuelle qui récolte le fruit de ses actions (karma). L'Âme Suprême est la conscience-témoin. Elle n'accomplit nulle action ; elle ne fait rien.

282

C'est seulement parce que la Mâyâ existe que Dieu est. Lorsque nous transcendons Mâyâ par des pratiques spirituelles constantes, nous pouvons atteindre l'état de Brahman, dans lequel n'existe plus la moindre trace de Mâyâ.

283

Mes enfants, *mithya* ne signifie pas ‘non-existant’, mais ‘toujours changeant’. Par exemple, on trouve d'abord le grain de blé, puis la farine et finalement le pain. L'élément de base reste le même ; il ne périt pas.

284

Quel que soit le degré de saleté du rivage, ne pouvons-nous apprécier la beauté de la mer ? L'esprit ne s'enlise pas dans la fange. De même, lorsque l'esprit est fixé sur Dieu, il ne se laisse pas prendre au piège de la Mâyâ.

285

On peut estimer qu'une aiguille est une chose insignifiante, tant son prix est bon marché ; cependant, la valeur d'une chose n'est pas déterminée par son coût mais par l'usage qu'on peut en faire. Aussi Mère ne peut-elle voir l'aiguille comme insignifiante. Quel que soit l'objet considéré, c'est son usage et non son prix qui doit être pris en compte. Si nous portons un tel regard sur les choses, rien ne sera plus considéré comme *mithya* (constamment changeant).

LE RATIONALISME

286

Mes enfants, à cause des querelles dues aux dogmatismes religieux, est-il sensé de dire que les lieux de culte ne sont pas nécessaires ? Est-ce que les gens qui l'affirment diraient aussi que les médecins et les hôpitaux sont inutiles, à cause des erreurs commises par quelques docteurs ? Jamais. Ce sont les conflits religieux dont on doit se débarrasser, non des temples de Dieu.

287

Jadis, les rationalistes avaient de l'amour pour les gens, mais qu'en est-il des rationalistes d'aujourd'hui ? Imbus d'eux-mêmes et gonflant leur ego, ils perturbent les autres. Le véritable rationaliste est celui qui garde précieusement ses convictions et aime autrui au risque même de sa propre vie. Dieu s'agenouillera devant lui. Combien de gens en sont là aujourd'hui ?

288

Si un croyant cultive la dévotion empreinte de crainte ('bhaya bhakti'), des qualités comme l'amour, la vérité, la compassion, la droiture et la justice vont également croître. Ceux qui viendront à eux trouveront réconfort et paix. Tels sont les vrais bienfaits que le monde peut tirer de celui qui croit en Dieu. Le rationaliste d'aujourd'hui, sans avoir pris la peine d'étudier convenablement les Écritures, et ne les remplaçant par rien d'autre, se cramponne à deux ou trois mots puisés ici ou là dans quelques livres et crée des problèmes. Voilà pourquoi Mère dit que le rationalisme d'aujourd'hui ouvre la voie au déclin de demain.

CITATIONS ÉPARSES

289

Mes enfants, la Nature est un livre à étudier ; chaque objet de la Nature est une page de ce livre.

290

Les actions de l'homme conditionnent la bonté de la Nature.

291

Les sâdhaks utilisent l'énergie de la Nature pour méditer, pour se nourrir et dans bien d'autres buts encore. Si l'on utilise dix pour cent des ressources énergétiques de la Nature, on devrait en consacrer au moins un pour cent pour le bien d'autrui. Sinon, à quoi sert notre vie ?

292

Mes enfants, de nos jours on trouve partout une inflation de discours spirituels, mais on ne voit nul bienfait précis en résulter. Si tout le temps que l'on passe à préparer ces discours était consacré à la méditation, ce serait plus utile. Tout individu qui a atteint la réalisation spirituelle ne ressentira pas le besoin de se fatiguer la gorge en faisant des discours pour inspirer les gens. Par son simple regard, des milliers de gens se tourneront vers le bon chemin. Nous ne pouvons contempler un miroir propre dans lequel le soleil se reflète, sinon nos yeux vont être aveuglés par son éclat. De même, on ne peut rien dire contre un sâdhak si l'on se trouve face à lui ; on ne peut qu'obéir à sa parole. Tel est le pouvoir obtenu grâce à la sâdhana.

293

Mes enfants, on ne devrait pas avoir d'antipathie envers ceux qui commettent des actes immoraux ; notre aversion devrait porter sur les actes, non sur leurs auteurs.

294

L'eau stagne dans les fossés et les mares où se développent des microbes et des insectes qui vont contaminer bien des gens et les rendre malades. Le remède contre cela est de faire en sorte que l'eau puisse s'écouler vers l'océan. De nos jours, les hommes vivent avec tant d'égo ; leurs pensées impures sont cause de la souffrance de tant de gens. Élargir leur esprit étriqué et les guider vers la Vérité Suprême est notre but. Pour cela, chacun d'entre nous devrait être prêt à endurer des sacrifices. Ce n'est qu'au moyen du pouvoir acquis grâce à la sâdhana que nous devrions les guider.

295

Mes enfants, mangez pour vivre ; dormez pour vous éveiller.

296

Nous sommes issus de Dieu. Une vague conscience de cette vérité est présente en nous. Cette conscience devrait se développer pleinement et complètement.

297

Autour de nous, bien des gens luttent pour leur survie, sans abri ni vêtements, sans nourriture ni soins médicaux. Avec l'argent que vous dépensez pendant un an pour vous acheter de quoi fumer, on pourrait construire une petite maison pour un indigent. En se montrant compatissants à l'égard des pauvres, notre égoïsme disparaîtra. Cela n'implique un renoncement à rien ; au contraire, nous ressentons une satisfaction à faire le bonheur d'autrui. Lorsque nous perdons notre égoïsme, nous devenons dignes de la grâce de Dieu.

298

Mes enfants, seul celui qui a étudié peut enseigner. Seul celui qui a reçu peut donner. Seul celui qui est tout à fait libéré du chagrin peut libérer complètement les autres du chagrin.

299

Au cœur de chaque lieu se trouve un centre où est concentrée toute l'énergie présente. L'Inde est le cœur du monde. Le *Sanâtana Dharma* (la Loi universelle, la voie éternelle) qui y a pris naissance est la source de tout le reste. Par le simple fait d'entendre le mot 'Bhâratam' (Inde), on ressent sa vibration de paix et de lumière. La raison en est que l'Inde est la terre des Sages, la terre de ceux qui transmettent la force de vie, non seulement à ce pays, mais au monde entier.

300

Souvenez-vous toujours que 'Mère' est omniprésente. Soyez assurés que le Soi de Mère et le vôtre sont 'un'. Ayez la conviction : "Je suis spirituellement fort. Tout est en moi." Chacun répète : "Je... Je...". Sachez que ce 'Je' est le même en tout. Cette personne-ci est 'Je' ; cette personne-là est 'Je'.

QUESTIONS
—
RÉPONSES

DIEU

***Question** : Mère, pourquoi est-il nécessaire d'adorer Dieu sous telle ou telle forme alors qu'en réalité Il est sans forme ?*

Mère : Mes enfants, nous avons pris l'habitude de partager nos peines avec nos amis pour être en paix, alors que nous devrions ne les confier qu'à l'Être Universel. Tel est le but secret qui se cache dans le fait d'adorer un Dieu avec forme.

Un jour, Shiva et Parvati étaient assis ensemble. Soudain Shiva se leva et partit en courant, mais revint aussitôt. Parvati lui demanda : "Pourquoi es-tu revenu si vite ?" Shiva lui répondit : "L'un de mes dévots avait coutume de ne faire part de toutes ses peines qu'à moi seul, sans rien en dire aux autres. Aujourd'hui, alors qu'il rentrait chez lui, les gens l'ont pris pour un voleur et l'ont battu. En voyant cela, je suis parti le secourir. En me rendant sur les lieux, je le vis raconter son malheur à un autre homme, en ces termes : 'Ils m'ont battu sans raison. Pourriez-vous m'aider à me venger ?'. Puisque mon aide ne lui était plus utile, je suis revenu".

N'augmentez pas vos peines en les partageant avec autrui. Confiez vos peines à Dieu et essayez d'y remédier. Si nous partageons nos peines avec l'Être Universel, nous obtiendrons la paix éternelle.

Il se peut qu'un homme ordinaire ne puisse éprouver aussi facilement de l'amour envers l'aspect sans forme de Dieu qu'envers l'une des formes sous lesquelles il L'adore. Suivre le chemin de la connaissance sans dévotion, c'est comme manger des pierres. Le Dieu omnipotent et sans forme peut aisément revêtir une forme par amour pour Ses dévots. Celui qui a une foi totale et garde toute confiance en la forme de sa Divinité Bien-Aimée peut atteindre son but. Nous devrions penser que Dieu est notre propre Soi. Nous devrions prendre l'habitude de voir et d'adorer toutes les formes comme étant différents aspects du même Dieu.

***Question** : Si Dieu est Un et non-duel, pourquoi devrions-nous adorer Shiva, Vishnou et d'autres dieux ?*

Mère : Un acteur joue plusieurs rôles tout en restant le même. Dieu est tel ; La Vérité est Une ; différents sont les noms et les formes. Les hommes ont des natures et des tempéraments différents. Les diverses formes de Dieu ont été perçues par les Rishis (les sages antiques) pour nous permettre de réaliser Dieu en choisissant les noms et les formes convenant à nos structures mentales, et non parce qu'il s'agirait de dieux différents. Les sages ont représenté le Dieu non-duel de diverses manières à différentes époques, selon le goût et les tempéraments des gens.

Question : *Si Dieu est Un, alors pourquoi a-t-on besoin de lieux de culte différents, selon la religion à laquelle on appartient ?*

Mère : Un objet change-t-il parce qu'on le nomme différemment ? Par exemple, même si on appelle l'eau 'vellam' en malayalam et 'pâni' en hindi, est-ce que ça change son goût et sa couleur ? Non. Y a-t-il une différence entre le courant électrique qui alimente le frigo, la lampe et un ventilateur ? Non, seuls les objets diffèrent. Les chrétiens appellent Dieu "Christ" et les musulmans l'appellent "Allah". Chacun comprend Dieu selon sa culture, et l'adore à sa façon.

Question : *Mère, on offre beaucoup d'argent à Dieu dans les temples, au nom de la puja et du culte. Pour quelle raison Dieu demande-t-il de l'argent ?*

Mère : Dieu ne nous demande rien. Une lampe électrique n'a pas besoin de l'aide d'une lampe au kérosène. Dieu est comme le soleil. Il répand Sa lumière d'une égale façon sur tout ce qui vit dans le monde. C'est à ce Dieu qui illumine tout que nous offrons une lampe et de l'huile. Cela est dû à notre ignorance. C'est comme si nous tenions une bougie allumée en plein jour, et disions : "Ô Dieu-Soleil, voici de la lumière pour que Tu puisses voir clairement le chemin et marcher." C'est pour notre bien que sont faites les offrandes dans les temples. Dieu est Celui qui donne tout. Il n'a besoin de rien et n'attend rien de nous.

LES TEMPLES

***Question :** À quoi servent les temples ? Est-ce que ce n'est pas le sculpteur qui a modelé les belles statues qui mériterait d'être adoré ?*

Mère : De même que nous nous souvenons de notre père lorsque nous voyons son portrait, nous nous rappelons Dieu, le Créateur du monde, en contemplant une statue. Lorsqu'un dévot de Krishna voit la statue de Shri Krishna, il se souvient du vrai Seigneur Krishna et non de son image de pierre. Les temples et les idoles sont nécessaires pour ceux d'entre nous qui sont encore noyés dans l'ignorance.

***Question :** Quelle est la cause de la perte du sens du sacré dans les temples ?*

Mère : Sous prétexte de festivals, les gens collectent de l'argent et organisent des fêtes profanes dans les temples. Ces programmes rendent l'environnement des temples impur, en créant des pensées et des passions vulgaires, au lieu d'inspirer les gens à cultiver la dévotion et des bonnes pensées. Que de bêtises ne fait-on pas au nom de Dieu ! Avec l'argent recueilli au cours de ces festivals, les gens s'enivrent et se battent.

Autour des temples sont organisées des pièces dramatiques, des danses et des activités réveillant l'instinct profane dans l'esprit du public. Les jeunes enfants en seront affectés eux aussi. À l'âge tendre où ils sont, alors que l'on devrait les encourager à entretenir de bonnes pensées, ces programmes vont les faire dévier du droit chemin. Cette forme de vibrations mentales rendent l'atmosphère du temple impure.

Mes enfants, c'est nous-mêmes qui nous détruisons. En premier lieu, nous devrions devenir bons. Nous devrions veiller à ce que la pureté soit préservée dans les temples. Seuls devraient être présentés dans les temples les arts à caractère divin, propices à l'accroissement de la dévotion et de la foi. La *pouja* quotidienne (rituel d'offrandes) devrait être accomplie comme il convient. Dans les temps anciens, la méditation, la lecture des Pourânas, les âsanas (postures de yoga), etc., se pratiquaient dans les temples. Seules les histoires ayant trait à Dieu étaient représentées sous forme de spectacles lors des festivals.

L'argent recueilli auprès du public devrait être utilisé pour des œuvres humanitaires. Il y a tant de gens qui luttent pour survivre dans nos villages, sans toit pour s'abriter. On pourrait leur construire des maisons, donner des vêtements et de la nourriture aux pauvres, imprimer des livres à caractère religieux que l'on distribuerait gratuitement pour éduquer les enfants, construire des orphelinats, etc... Ainsi ces enfants pourraient-ils recevoir une bonne éducation, leur permettant à la se cultiver et de développer leur être. Ainsi, il n'y aurait plus d'orphelins à l'avenir. Tout ceci contribuerait à créer un sentiment d'unité entre les gens.

Mes enfants, observez les chrétiens et les musulmans, et voyez toutes les bonnes choses qu'ils font : ils construisent des orphelinats, des écoles, etc., enseignent la religion aux orphelins et subviennent à leurs besoins. Avez-vous déjà vu des églises délabrées ? Non. Par contre, voyez l'état pitoyable des temples hindous. Tant de temples ne sont ni entretenus ni fréquentés. Les instances gouvernementales prennent en charge l'entretien des grands temples, car ceux-ci leur permettent de faire des gains financiers, tandis qu'ils délaissent les petits temples.

Nous devrions porter toute notre attention à la rénovation des temples, et y organiser des activités artistiques à caractère divin lors des festivals saisonniers. Ensemble, nous devrions nous-mêmes prendre soin des temples. Leur caractère sacré devrait être préservé, sinon notre culture va dégénérer.

***Question** : Est-il possible d'atteindre la Libération en pratiquant l'adoration dans les temples ?*

Mère : C'est possible, mais l'adoration doit se faire en gardant à l'esprit la signification intérieure qu'ont ces temples. Dieu réside dans les temples, mais n'allez pas croire qu'Il soit limité aux quatre murs qui en forment l'enceinte. Gardez fermement la conviction que Dieu est omniprésent. Le bus va nous mener à l'arrêt le plus proche de chez nous ; de là, on peut alors aisément faire le reste du chemin à pied. De même, l'adoration pratiquée convenablement nous conduira au seuil de *Satchitânanda* (l'Être-Conscience-Béatitude) ; de là, il ne restera plus qu'une courte distance à parcourir avant d'atteindre la Perfection. Il se peut que vous naissiez dans un temple, mais n'y mourez pas. Ceci pour dire qu'un chercheur, au début, peut pratiquer l'adoration dans un temple, mais que le vrai but final est bien au-delà de toutes ces pratiques.

LES MANTRAS

***Question** : Est-ce que les mots ont le pouvoir de changer le caractère d'une personne ?*

Mère : Tout à fait. Un jour, dans un temple, un brâhmane dispensait des enseignements spirituels à ses étudiants. Il se trouva que le roi du pays arriva. Le brâhmane, absorbé par ce qu'il enseignait, ne l'avait pas vu arriver. Le roi se mit en colère et réprimanda le brâhmane de ne l'avoir pas remarqué. Le brâhmane lui expliqua qu'il était si profondément absorbé par ce qu'il enseignait qu'il n'avait pas fait attention à son arrivée. Le roi lui demanda alors ce qu'il pouvait bien enseigner de si sérieux pour qu'il ne soit pas conscient de la présence du roi. Le brâhmane répondit : “J'enseignais aux enfants ce qui leur permettra de purifier leur caractère. Cet enseignement ne leur serait d'aucune utilité s'il n'était pas donné avec sincérité et avec toute l'attention voulue.” Le roi demanda sur un ton moqueur : “Est-ce que de simples paroles peuvent changer le caractère ?” Le brâhmane répondit : “Assurément ! Le changement se produira.“ Le roi rétorqua : “Il ne se produira pas si aisément.” À ce moment-là, l'un des élèves du brâhmane, un petit garçon, demanda au roi de quitter les lieux. À ces mots, le roi devint furieux et hurla : "Comment oses-tu dire cela ! Je vais vous tuer, toi et ton gourou, et détruire cet ashram en même temps !" Après avoir dit ces mots, le roi attrapa le brâhmane par le cou. Celui-ci lui dit alors: "Pardonnez-moi, je vous prie. Vous venez de dire que de simples paroles ne peuvent changer le caractère d'une personne. Et pourtant, dès qu'un petit garçon ne vous dit que quelques mots, voyez combien votre humeur peut changer ! Vous étiez même prêt à me tuer et à tout détruire."

Mes enfants, les mots ont la puissance de changer le caractère. Si des paroles ordinaires peuvent le faire, alors que dire du pouvoir d'un mantra qui émane des Rishis et comporte les *bîjâksharas* (mantras-racines monosyllabiques, tels que OM, HRIM, KLIM) ?

***Question** : Mère, si le mantra est chanté, obtient-on des bienfaits ?*

Mère : Tout à fait. Mais il faut ajouter quelque chose : on doit chanter le mantra avec un esprit concentré. Chacun en aquerra le pouvoir selon sa propre nature ou disposition (*bhâvana*). Tout dépend de l'attitude mentale. Si un médecin prescrit des médicaments à un malade, et lui dit de se reposer et d'éviter certains aliments, en suivant ses instructions, le malade pourra guérir. De même, les Rishis ont révélé que si un mantra est chanté selon une méthode prescrite bien précise, alors certains résultats adviendront. En suivant méticuleusement leurs instructions, nous pourrons en recueillir les fruits à coup sûr.

LES RISHIS

(Sages)

Question : *Qu'est-ce qui prouve que les prédictions des Rishis se produiront ?*

Mère : Les Rishis antiques étaient des visionnaires. Tout ce qu'ils ont prédit a eu lieu. Tout ce qui est écrit dans le *Bhâgavatam* sur le Kaliyuga (l'Âge Noir) s'est avéré exact : “Le père mangera le fils ; le fils mangera le père. Toutes les forêts deviendront des maisons ; toutes les maisons deviendront des boutiques.” Est-ce que ce n'est pas ce qui se passe ? Nous abattons les arbres et construisons maisons et boutiques à la place. La vérité et le dharma n'ont plus aucune valeur. Où peut-on encore trouver confiance mutuelle, amour, sincérité, patience, sacrifice, etc… ? Le temps est déréglé : trop pluvieux pendant la saison des pluies, et trop chaud l'été. À cause du manque de pluie, les récoltes sont desséchées. Tous ces faits ont été prédits par les sages.

Les Rishis antiques, ne mangeant que des feuilles et des fruits et pratiquant *tapas* (austérités rigoureuses), ont réalisé le Secret de l'Univers. La création tout entière était comme un grain de moutarde dans la paume de leur main. Même les objets inanimés obéissaient à leurs ordres. Les Rishis des temps antiques ont fait beaucoup de découvertes. Même les inventions modernes d'aujourd'hui, que nous considérons comme remarquables, avaient déjà été conçues sans efforts par eux. Par exemple, les scientifiques actuels ont mis au point la technique des bébés-éprouvettes. Mais jadis le sage Vyâsa avait pu, quant à lui, créer les 101 Kauravas* à partir de pots en argile ; il avait su insuffler la vie à de simples morceaux de chair. Si l'on compare ces deux exploits, la découverte des bébés-éprouvettes paraît bien dérisoire à côté. Dans le *Râmâyâna*, il est fait référence à un certain 'poushpaka vimana' (avion fait de fleurs), tandis que l'avion moderne n'a été inventé que récemment. On pourrait citer de nombreux autres exemples comme ceux-ci.

Mère ne considère pas les scientifiques actuels et leurs inventions comme insignifiants, mais cherche plutôt à montrer qu'il n'y a rien qui ne puisse être obtenu grâce à tapas. Pour les Rishis, toutes ces choses étaient très simples à obtenir ; ils étaient capables de créer tout ce qu'ils voulaient grâce à leur sankalpa (détermination, résolution).

---

*Descendants des Kourous, l'un des clans mentionnés entre autres dans la *Bhâgavad Gîtâ*. N.d.T.

LE DÉVI BHÂVA

(Trois soirs par semaine, Mère manifeste publiquement Son Unité avec le Suprême, lors du *Dévi Bhâva Darshana* – vision de la Mère Divine. Portant des bijoux et des saris aux couleurs vives, elle se révèle sous la forme de Dévi dans toute sa splendeur, et apporte bien-être et réconfort aux gens).

Question : *Pourquoi Mère porte-t-elle un costume durant le Dévi Bhâva ? Shankaracharya, Ramakrishna Paramahamsa, Narayana Gurudev, etc., ne portaient pas de costume comme le fait Mère.*

Mère : Mais alors, à lui seul, Shankaracharya aurait suffi pour faire évoluer le monde entier. Aucune personne n'est semblable à une autre. Shri Rama n'était pas comme Shri Krishna ; Ramana Maharshi n'était pas comme Ramakrishna Paramahamsa. Chaque Incarnation a une mission différente. La méthode qu'Elle adopte sera aussi différente. Il n'est pas nécessaire que chacun se ressemble.

Mes enfants, lorsque nous voyons la robe d'un avocat, cela nous rappelle notre procès et son succès. Lorsque nous voyons le facteur, nous pensons au courrier. De même, l'habit de Mère est là pour vous rappeler le Suprême.

Voici une histoire. Un jour une personnalité importante fut invitée à un colloque. Cet homme se présenta en tenue ordinaire. Les organisateurs de la rencontre ne l'ont ni accueilli ni laissé entrer. L'homme rentra chez lui et se mit sur son trente-et-un. Quand il revint au colloque, on lui souhaita la bienvenue et on lui servit un somptueux repas. Il retira alors sa veste, sa chemise, ses chaussures, etc., et les posa sur la table, devant les plats. Surpris par une telle attitude, ses hôtes lui demandèrent la raison de ce geste. L'homme répondit : "Lorsque je me suis présenté en tenue ordinaire, vous n'avez pas daigné m'honorer. Lorsque la même personne est revenue bien habillée, vous l'avez volontiers accueillie. Puisque c'est ma tenue et non moi que vous respectez et accueillez, c'est elle qui doit manger ce repas". Le monde ne respecte que l'habit, voilà pourquoi Mère doit encore revêtir une telle tenue. L'apparence visuelle de Mère en Dévi Bhâva sert à nous libérer de la perception limitée que nous avons de nous-mêmes, et à nous rappeler le Suprême qui est notre véritable Nature.

L'AMOUR

Mes enfants, ne gaspillez pas le temps que Dieu vous accorde. Prenez refuge en la Mère Universelle, qui seule nous aime sans égoïsme. Penser que beaucoup de gens nous aiment est une idée fausse : leur amour est égoïste. Mère va vous raconter une histoire pour illustrer cela.

Un jour, un père et sa fille entreprirent un voyage. Durant la journée, ils visitèrent différents lieux. Le soir, ils s'arrêtèrent dans un hôtel pour se reposer. Dès que le propriétaire de l'hôtel les vit arriver, il les accueillit avec de grandes marques de respect et d'amour. Deux ou trois serviteurs s'approchèrent pour les servir, et les conduisirent immédiatement dans une chambre bien meublée, où ils leur servirent un repas. Ils emportèrent gaiement leurs vêtements sales et les rapportèrent bien lavés et repassés ; ils firent couler de l'eau chaude pour leur bain, et firent tout ce que leurs hôtes leur demandaient. Cette nuit-là, des musiciens chantèrent et jouèrent de la musique pour leur être agréables.

Le lendemain matin, alors que le père et sa fille se préparaient à partir, la jeune fille dit : “Père, comme ces gens sont aimables”. Avant qu'il ait pu lui répondre, un serviteur vint lui apporter la note d'hôtel. Le père dit alors à sa fille : "Cette note correspond à l'amour et au service dont ils ont fait preuve. Ils nous font payer tous les services qu'ils nous ont rendus. Leur amour est basé sur l'égoïsme".

Mes enfants, il en va ainsi de l'amour. L'amour mutuel dont semblent faire preuve les gens est basé sur l'égoïsme. Si quelqu'un vient contrecarrer nos souhaits, nous ne l'aimons plus. L'Amour désintéressé ne peut venir que de Dieu, qui est l'Incarnation de l'Amour. Gardez cela présent à l'esprit et réalisez Dieu. Utilisez à bon escient l'Essence qui se trouve en vous.

LA COLÈRE

***Question** : De nombreux disciples laïcs qui viennent voir Mère disent que, quel que soit le temps qu'ils passent à pratiquer le japa et la méditation, ils n'en ressentent aucun bienfait tangible.*

Mère : Mes enfants, supposez que nous allions avec ferveur dans un temple pour y rendre un culte. Après en avoir fait le tour religieusement, nous nous mettons devant notre Dieu pour l'adorer. Mais soudain, quelqu'un arrive, se met juste devant nous et obstrue notre vue. Aussitôt la colère monte en nous. Toute l'énergie acquise jusqu'alors par la concentration va être dissipée. Même si c'était Dieu Lui-même qui était venu sous un déguisement, nous nous serions mis en colère contre Lui. Telle est notre habitude. Comment pouvons-nous alors tirer profit des bienfaits de la pratique du japa et de la méditation ? Le bénéfice tiré des bonnes pensées peut être perdu de nombreuses manières : par la colère, la luxure, la gourmandise, la jalousie, etc... Nous devrions nous en souvenir.

Un chercheur spirituel ne devrait jamais se mettre en colère. Quand on se met en colère, une bonne partie de l'énergie et de la puissance acquise grâce à la sâdhana se dissipe. Seule une grande foi (shraddha) va permettre à un aspirant d'atteindre le but. Peu importe ce que nous entendons ou voyons, nous ne devrions y réfléchir que dans la solitude. Ce n'est qu'alors qu'une décision pourra être prise. Ne devenez jamais l'esclave des circonstances, essayez d'y faire face et de les surmonter.

“JE SUIS BRAHMAN”

***Question** : Mère, je suis Brahman. Alors, pourquoi devrais-je pratiquer une sâdhana ?*

Mère : Mes enfants, si l'on ne vous appelait par votre nom, pourriez-vous répondre ? Pour l'instant vous en êtes au niveau du ‘nom’. N'avez-vous pas dans votre tête des mots comme hier, aujourd'hui, demain, toi, moi, ‘ma’ maison, ‘ma’ femme, ‘mes’ enfants, ‘mes’ goûts et dégoûts ?... L'état actuel de votre ‘Brahman’ est comme celui d'un animal sans discernement. Les animaux aussi sont Brahman. Pour le moment vous êtes tels des animaux. Ne vivez pas en vous disant : “Je suis Brahman”, simplement parce que vous aurez lu les paroles des Rishis, qu'ils ont rapportées à partir de leur propre expérience. Avancer dans la vie en répétant “je suis Brahman” parce qu'on a lu quelques livres, serait semblable à l'attitude du gardien qui se vanterait d'être le propriétaire de la propriété qu'il est chargé de surveiller. Les fruits du jacquier peuvent dire eux aussi “je suis Brahman”, tout comme leur noyau. Vous-mêmes êtes semblables à ces noyaux, à ces graines. Grâce à la sâdhana, vous pouvez réaliser Brahman.

Mes enfants, Brahman doit être expérimenté et ne peut être exprimé par des mots. Un jour, un Rishi envoya son fils étudier auprès d'un gourou. Après douze années d'études, le fils revint chez lui et déclara fièrement à son père : "Savez-vous qui je suis ? Je suis l'incarnation de Brahman", et il commença à mettre en avant son égo. Voyant son fils agir de la sorte, le Rishi eut de la peine pour lui. Il lui demanda d'apporter du lait et du sucre candy, puis de dissoudre le morceau de sucre, qui était dur comme le roc, dans le lait. Quand ce fut fait, le Rishi prit un peu de lait et le fit goûter à son fils, lui demandant s'il le trouvait sucré. Le fils acquiesça. Prenant une autre cuillerée de lait, cette fois à la surface, il lui en fit goûter et lui demanda la même chose. Le fils acquiesça de nouveau. Alors le Rishi lui donna le conseil suivant : "Mon fils, Brahman ne doit pas être souillé par des mots. Bien que Brahman pénètre toute chose, Il doit être connu par l'expérience. Sans avoir encore réalisé Brahman, ne continue pas à répéter 'je suis Brahman'".

Mes enfants, un érudit se promenait dans la rue en chantant : "Tout est Brahman". Un homme qui l'entendit chanter prit une épine et piqua le pandit par derrière. Le pandit se mit à pleurer, incapable de supporter la douleur, et, furieux, cria : "Qui me fait cela ?" Puis il pourchassa l'homme pour le battre. Mes enfants, notre Brahman est semblable à ce "Brahman" en pleurs…

Écoutez maintenant l'histoire d'un homme qui a réalisé le Soi. Un Mahâtma descendait une rue en chantant : "Tout est Brahman". Un homme surgit derrière lui et lui coupa le bras. Le Mahâtma, indifférent à sa blessure, continua son chemin en chantant, oublieux de tout. L'homme qui l'avait attaqué comprit alors que c'était un Mahâtma. Pris d'un profond remords, il s'approcha du Mahâtma, implorant son pardon. Le Mahâtma lui demanda : "Pour quelle raison ?" L'homme répondit : "Pour vous avoir coupé le bras". Alors seulement le Mahâtma se rendit compte de sa blessure. En la frottant, il se reconstitua le bras, puis dit : "Bien que je chante 'tout est Brahman', je suis contraint cependant à l'action de me frotter le bras pour le guérir. Je n'en suis encore qu'au niveau de l'action."

Mes enfants, nous n'avons nul droit de dire "je suis Brahman", sauf lorsque nous en faisons l'expérience. N'essayez pas de devenir comme le pandit, mais plutôt comme ce Mahâtma qui a réalisé la Vérité par l'expérience.

GLOSSAIRE

Advaïta : Philosophie de la non-dualité
Akhanda Satchitânanda : L'Être-Conscience-Béatitude indivis (non-divisé)
Âsana : Posture assise pour la méditation
Âtman : Le Soi, l'Âme universelle
Bhava Rôga : La 'maladie du devenir' (transmigration ; morts et renaissances successives)
Bhajan : Chant dévotionnel
Bhakti : Dévotion
Bhakti Yoga : Yoga utilisant la voie de la dévotion
Bhâvana : Humeur, attitude, état d'esprit, disposition
Bhaya Bhakti : Dévotion (bhakti) empreinte de crainte (bhaya)
Bîjâksharas : Lettres-germes des mantras, par exemple hrim, klim, aim
Brahmâ : Dieu de la Création
Brahman : L'Absolu, le Réel
Brahmachârya : S'exercer à la discipline, à la maîtrise de soi ; chasteté, célibat
Darshan : Fait de voir ou d'entendre un saint ou Dieu, et d'en recevoir le rayonnement
Dévatâ : Dieu ou déesse
Dévî : Mère Divine, Déesse
Dhyâna : Méditation
Dîksha : Initiation

Gouna : Qualité, attribut (voir tamas, rajas, sattva)
Gourou : Maître spirituel, précepteur
Hômas et Yâgas : Sacrifices védiques utilisant le feu
Ishta Dévatâ : Divinité bien-aimée ou divinité d'élection
Ishvara : Dieu, Seigneur
Janma : Naissance ou durée de vie
Japa : Répétition d'un mantra ou du Nom Divin
Jîva : Ame individuelle
Jîvanmukti : Libération de l'âme pendant l'existence dans le corps
Jîvâtma : Le soi individuel
Jñâna : Connaissance (du Soi)
Jñâna Yoga : Yoga de la Connaissance
Kaliyuga : Age Noir du matérialisme
Karma : Action
Karma Yoga : Yoga à travers l'action désintéressée
Koumbhaka : Rétention du souffle pendant le prânayâma
Lakshya Bôdha : Conscience du But, inclination vers la Réalisation de Dieu
Mahâtma : Littéralement, 'Grande Âme', Être Réalisé
Maheshvara : Shiva, le Seigneur Suprême
Mâla : Rosaire, chapelet de 108 grains (ou d'un multiple de 9 grains) utilisé pour le japa
Mantra : Formule sacrée mystique, ou combinaison de mots, dont la répétition procure pureté et puissance spirituelles
Mâyâ : Illusion universelle
Mithya : Toujours changeant, non-éternel
Nirvikalpa Samâdhi : État d'unité avec l'Absolu

Nitya : Éternel, permanent
Ojas : Force vitale sublimée
Oupadesha : Conseil ou enseignement
Paramâtma : Soi Suprême
Prâna : Force vitale, souffle vital
Prânayâma : Exercices respiratoires en vue d'acquérir la maîtrise du prâna
Rajas : Le 'gouna' de l'activité
Rishi : Sage des temps antiques
Sad Gourou : Maître Réalisé
Sâdhak : Chercheur, aspirant spirituel
Sâdhana : Pratiques spirituelles
Sahaja Samâdhi : Établissement naturel dans le Soi
Sahasranâma : Les 1000 Noms de Dieu
Samsâra : Cycle des morts et des (re)naissances
Samskâra : Tendance latente du mental
Sanâtana Dharma : Loi universelle, voie éternelle (védique)
Sankalpa : Puissance créatrice de l'esprit sous forme de pensée, vœu, détermination, résolution, etc...
Sannyasi : Renonçant
Satchitânanda : L'Être-Conscience-Béatitude
Satsang : La compagnie des Saints
Sattva : 'Gouna' de la pureté et de la clarté
Savikalpa Samâdhi : Perception du Réel tout en maintenant le sens de la dualité
Shakti : Énergie essentielle fondamentale de l'Univers, associée à l'aspect féminin de l'Absolu
Shavâsana : Posture yogique dite 'du cadavre'
Shiva : Dieu de la Dissolution de l'Univers
Siddha Aoushada : Remède parfait
Shraddha : Foi, attention, vigilance

Shrîmad Bhâgavatam : Écriture Sainte exposant la vie du Seigneur Shri Krishna, Ses œuvres et Ses enseignements

Tamas : 'Gouna' de l'inertie

Tapas : Austérités, pénitences

Vâsanas : Tendances innées du mental, qui se sont accumulées au cours de cette incarnation et des vies antérieures, telles que la colère, la luxure, l'envie, la jalousie, etc…

Vishnou : Dieu de la Préservation de l'Univers

TABLE

page :

Questions – réponses concernant :

Achevé d'imprimer
en juillet 1992
sur les Presses de
l'Imprimerie Graphique de l'Ouest
85170 Le Poiré-sur-Vie
pour le compte des
Éditions A.L.T.E.S.S. (Paris)
et de la Fondation
'Mata Amritanandamayi Mission Trust'

Maquette et composition :
Alain-René Gélineau

No d'impression : 9096
Dépôt légal : juillet 1992

Imprimé en France